Daggi Dethlefsen

DAS GROSSE MÖBEL-MAKEOVER

Inspirationen und spannende Techniken für Zuhause

Mit 16 Step-by-Step Projekten

CV

Über dieses Buch

Es gibt viele Gründe, ein altes Möbelstück aufzubewahren. Manchmal handelt es sich um eine Antiquität mit materiellem Wert. Oder es ist ein Stück, an dem man emotional hängt. Eines, das Erinnerungen in sich trägt, eine geerbte Kommode oder ein Schrank, der dich schon das ganze Leben über begleitet. Oder man besitzt ein Möbelstück, das unheimlich praktisch ist, ein Platzwunder, oder eines, das vom Maß her genau in eine bestimmte Ecke passt.

Nur leider hat sich vielleicht inzwischen dein Geschmack geändert. Oder das gute Stück ist „aus der Mode" gekommen, oder passt schlicht nicht mehr zur Einrichtung. Oft genug landet es dann im Kleinanzeigenmarkt, auf dem Dachboden, oder schlimmstenfalls im Sperrmüll.

Man kann aber auch etwas daraus machen. Und genau darum geht es in diesem Buch. Es zeigt dir Möglichkeiten, ein Möbelstück zu verändern, ihm eine neue Optik zu verleihen, um sich noch viele weitere Jahre daran zu erfreuen. Eine spannende, kreative, und nicht zuletzt auch nachhaltige Alternative zum Aussortieren.

Wenn du dieses Buch in Händen hältst, hast du vielleicht schon ein konkretes Objekt im Auge, das du verändern möchtest. Oder du suchst erst einmal Inspiration.

Ich habe das Buch in zwei große Kapitel gegliedert. Im ersten Teil geht es allein ums Know-how: das theoretische Grundwissen, verschiedene Techniken und kreative Hilfsmittel. Im zweiten, dem praktischen Teil, habe ich 16 alte Möbelstücke auf ganz unterschiedliche Art und Weise bearbeitet.

Ich hoffe, dass meine Möbelkreationen dir Lust machen, den Pinsel selbst in die Hand zu nehmen und einfach loszulegen. Es gibt dabei kein Richtig und kein Falsch. Dieses Buch soll dich mit praktischen Tipps und fantastischen Ideen ausstatten. Deinen eigenen Stil findest du dann alleine. Und ich bin mir sicher: Aus deinem Möbelstück wird etwas ganz Besonderes!

Die Theorie

Die Farbarten und ihre Eigenschaften

Als wir vor vielen Jahren in unser Haus einzogen, kannten wir nur herkömmliche, lösemittelhaltige Lacke und die üblichen Wandfarben. Wir haben Türen, Fenster, Heizungen sorgsam abgeschliffen und dann zweimal lackiert. Das war staubig, mühsam, zeitaufwendig und mit viel Lüften verbunden. Mittlerweile benutze ich Farben, die die Arbeit um vieles einfacher machen. Sie benötigen oftmals keinen oder nur wenig Anschliff, trocknen schnell, sind einfach zu handhaben, umweltfreundlich und trotzdem haltbar. Zudem gibt es sie in allen erdenklichen Farbtönen. Was für eine Erleichterung!
Wandfarben werden auf Kalk- oder Kreidebasis hergestellt, die umweltverträglich sind und höchsten Ansprüchen genügen. Natürlich hat jede Farbe ihre Berechtigung. Auch ein herkömmlicher Lack kann sich bei gewissen Vorhaben bewähren. Ein ausgebildeter Maler und Lackierer würde wohl eher nicht zur Kreidefarbe greifen. Für mich ist aber neben dem Ergebnis auch die Zeitersparnis wichtig. Ich möchte meine Projekte schnell, unkompliziert und dabei noch umweltfreundlich umsetzen – selbstverständlich mit tollem Resultat! Daher ist für mich die Entdeckung von Kreidefarbe & Co. nicht nur für Möbel-, sondern auch für Innenraumprojekte ein echter Gewinn.
Aber betrachten wir einmal die unterschiedlichen Arten von Farben. Schließlich musst du dich ja entscheiden, mit welcher du dein Möbelprojekt umsetzen möchtest! Welche Farben gibt es und wie unterscheiden sie sich? Für welche Looks sind sie jeweils geeignet? Und worauf muss man bei ihrer Anwendung achten? Lack, Acrylfarbe, Kreidefarbe, Milk Paint und Kalkfarbe unterscheiden sich nicht nur durch ihre Inhaltsstoffe, sondern auch durch die Optik, die sie einem Möbelstück verleihen.

LACK

Lack besteht aus Löse- und Verdünnungsmitteln, Bindemitteln, Zusatzstoffen und Pigmenten. Dabei kann das Lösemittel Wasser sein (wasserbasierter Lack) oder es sind flüchtige organische Lösemittel (lösemittelhaltiger Lack). Ein Lack ist immer deckend, er bildet eine geschlossene Schicht auf dem Untergrund. Handelt es sich um Holz, erkennt man die Holzmaserung nicht mehr. Lacke sind sehr robust und daher bestens geeignet für stark beanspruchte Oberflächen. Tischplatten, Böden, viel benutzte Deckplatten auf Möbelstücken ... hier könnte man sich für einen Lack entscheiden.
Die lackierte Oberfläche ist wasserabweisend und lässt sich bequem reinigen. Meist kann man zwischen „glänzend“ oder „matt“ wählen. Lack wird mit einer Rolle oder einem Pinsel aufgetragen, dabei sind meist zwei Schichten ausreichend. Ein feiner Zwischenschliff empfiehlt sich. Lacke gibt es in 2-in-1-Kombinationen, was bedeutet, dass eine Grundierung bereits enthalten ist. Der Vorteil von Lack ist seine Belastbarkeit. Ein Nachteil beim Möbelstreichen kann je nach Geschmack die deckende Optik sein.

ACRYLFARBE

Acrylfarbe besteht aus Pigmenten, Kunstharzteilchen als Bindemittel und (meist) Wasser. Es gibt auch Acryllacke auf Lösemittelbasis, aber zum Streichen von Möbeln eignen sich die wasserbasierten Produkte besser. Acrylfarben haben eine hohe Deckkraft. Sie müssen nicht zwingend versiegelt werden. Wer aber Oberflächen streicht, die einen extra Schutz brauchen, kann hier zusätzlich eine Versiegelung benutzen.

Acrylfarbe von Fusion Mineral Paint lässt sich herrlich einfach auftragen.

Kreidefarben gibt es von verschiedenen Herstellern.

Kalkfarbe auf der Wand sorgt für ein wohnfreundliches Klima.

Acrylfarben für das Möbelstreichen haben den Vorteil, dass sie wunderbar decken, sich leicht streichen lassen und sehr belastbar sind. Marken wie Fusion Mineral Paint oder Silk All-In-One-Mineral Paint zum Beispiel haben sich ganz auf das Streichen von Möbeln spezialisiert. Ihre Farben sind wasserbasiert, enthalten natürliche Pigmente und lassen sich ausgezeichnet streichen.

Ich benutze Acrylfarbe sehr gerne für Möbel, die weniger „shabby", dafür etwas moderner wirken sollen. Da die Farbe wirklich sehr homogen und ebenmäßig deckt und nicht die typische matte Optik von Kreidefarbe hat, erreicht man mit ihr einen etwas anderen Look. Sie trägt sich so gleichmäßig auf, dass bestimmte Techniken, die man mit Kreidefarbe leicht hinbekommt, hier vielleicht etwas schwieriger umzusetzen sind. Abgestoßene Ecken und Kanten, das sogenannte Distressing, kann man trotzdem einarbeiten.

Acrylfarbe streicht man für ein gleichmäßiges Finish mit einem flachen Pinsel in langen, geraden Strichen. Das Sortiment der großen Acrylfarben-Marken enthält auch eine Grundierung, eine extra Versiegelung für besonders beanspruchte Oberflächen und diverse Produkte für dekorative Techniken.

KALKFARBE

Kalkfarben bestehen aus Löschkalk, Wasser und Pigmenten. Sie wurden früher besonders in Südeuropa benutzt, um die gemauerten Häuserfassaden zu streichen. Sie sind natürlich und schadstoffarm, diffusionsoffen und somit schimmelvorbeugend. Sie werden eher für Wände benutzt und ergeben hier eine wunderbar natürliche, meist leicht changierende Optik und ein sehr wohnfreundliches Klima.

KREIDEFARBE

Kreidefarbe wird aus natürlichen Pigmenten, Wasser und Kreide aus Kalkstein hergestellt, ist also ebenfalls völlig unbedenklich. Die Farbe hat eine samtig pudrige Optik und eine hohe Deckkraft. Sie ist relativ dickflüssig, lässt sich aber einfach auf fast allen Untergründen auftragen. Dabei kann man je nach Hersteller sogar ohne Anschleifen gleich loslegen. Einige Kreidefarbenhersteller bieten Produkte mit integrierter Versiegelung, im Normalfall muss man eine reine Kreidefarbe aber unbedingt noch versiegeln, denn sie ist sehr schmutz- und wasseranfällig. Für das Möbelstreichen bieten Kreidefarben fast nur Vorteile: Sie sind leicht zu streichen, sie trocknen schnell, riechen nicht und dank ihrer oftmals dickeren Konsistenz kann man wundervolle Techniken umsetzen.

Ich liebe Kreidefarbe und benutze sie für viele meiner Möbel, wenn ich gewisse Streichtechniken mit viel Struktur und mehreren Farbschichten umsetzen möchte. Dabei habe ich zahlreiche Hersteller ausprobiert, jedes Produkt ist ein klein wenig anders in der Verarbeitung. Teurere Farben beinhalten meist mehr Pigmente, daher decken sie besser und sind sparsamer im Verbrauch. Aber auch bei den anderen war selten ein unbrauchbares Produkt dabei.

Es ist Geschmackssache, ob man eine eher dünnere Konsistenz mag oder eine etwas dickere Farbe bevorzugt. Es ist ebenfalls abhängig vom jeweiligen Projekt und Stil, den man sich dafür vorstellt. Für den Vintage/Shabby-Chic-Stil ist eine dickere Farbkonsistenz hilfreich, für einen moderneren Stil wäre eine etwas dünnere Farbe vielleicht besser geeignet. Kreidefarbe lässt sich sauber und ordentlich mit wenigen Pinselstrichen streichen, man kann aber auch kreuz und quer arbeiten und damit eine gewisse Struktur schaffen. Unabhängig vom gewünschten Ergebnis ist sie immer sehr nachgiebig und verzeiht auch mal einen Fehler.

Einige Kreidefarben haben eine integrierte Versiegelung, was einen ganzen Arbeitsschritt spart. Das ist praktisch für Innenraumprojekte wie Treppen oder Türrahmen.

MILK PAINT

Milk Paint ist eine traditionelle Farbe auf Milch-Kasein-Basis. Weitere Inhaltsstoffe sind Kalk und Pigmente. Beim Trocknen härtet der Kalk aus und bildet so eine haltbare und wunderschöne, matte Schicht. Bevor es Acrylfarben gab, wurde Milk Paint häufig benutzt, denn die Bestandteile waren einfach zu beschaffen. Heute weiß man die biologischen Inhaltsstoffe von Milk Paint wieder besonders zu schätzen.

Milk Paint verbindet sich besonders gut mit Holzoberflächen, dringt tief in offenporige und rohe Holz-

Kreidefarbe ist auch für Anfänger gut geeignet.

Milk Paint kommt in Pulverform und wird mit Wasser angemischt.

schichten ein und färbt sie dauerhaft. Trägt man Milk Pain dünn auf, wirkt sie wie eine Lasur. Milk Paint reagiert auf jedem Untergrund unterschiedlich, mal ergibt sie eine deckende Fläche, mal erhält der Anstrich automatisch eine rissige Oberfläche und die Farbe platzt stellenweise ab. Ein wundervoller und sehr authentischer Effekt. Mit einem zusätzlichen Bindemittel, das man der Farbe beimischen kann, lässt sich dieser Effekt ein bisschen besser kontrollieren.

Ein Nachteil von Milk Paint kann sein, dass die Farbe als Pulver kommt, das man im Verhältnis 1:1 mit Wasser anmischen muss. Am besten nutzt man dazu einen kleinen Schneebesen und rührt die Farbe sehr sorgfältig um. Dann lässt man sie für 10 Minuten stehen, um sie dann noch einmal gut aufzurühren. Auch während des Streichens muss man immer wieder rühren. Die Pigmente müssen stets vermischt werden, sonst kann es passieren, dass man kleine, farbige Streifen auf der Oberfläche erhält.

Das Anmischen ist ein zusätzlicher Arbeitsaufwand und die benötigte Menge ist vor einem Projekt nicht unbedingt abzusehen. Hat man zu viel gemischt, ist die Aufbewahrung schwierig. Die Farbe hält sich maximal einen Tag kühl gelagert und selbst dabei ist es mir schon passiert, dass sie die Nacht nicht überstanden hat. Hat man zu wenig vorbereitet, muss man während des Streichens nachmischen.

Der Vorteil von Milk Paint ist aber ganz klar die wundervolle, authentische Optik, die Haltbarkeit und die Tatsache, dass man bei dieser Farbe fast keine Pinselstriche sieht.

Mit Kreidefarbe kann man einen natürlich wirkenden Shabby-Chic-Stil erhalten.

Farbe und Pinsel kaufen

Was brauchst du für dein Möbelprojekt? Im besten Fall nur Farbe und einen Pinsel. Welche Arten von Farbe es gibt, hast du im vergangenen Kapitel gelernt. Vielleicht hast du dich schon für eine davon entschieden. Doch wo kauft man sie?

Einige Firmen haben sich auf die Herstellung von hochwertigen Kreidefarben, Milk Paint und Acrylfarben, extra für das Möbelstreichen, spezialisiert. Diese Hersteller verkaufen ihre Produkte meist über ein ausgesuchtes Netzwerk an kleinen, unabhängigen Händlern, hier oftmals auch online. Über eine Suche im Netz wirst du schnell fündig. Herkömmliche Lacke, Acrylfarben und eine kleine Auswahl an Kreidefarbenmarken bekommst du auch im Baumarkt. Hier kannst du auch weiteres Material wie Pinsel, Schleifpapier, Beize oder Klebeband kaufen.

Ein Computerbildschirm ist nicht farbverbindlich und verfälscht den Eindruck bisweilen stark. Wenn du nicht sicher bist, welcher Farbton der Richtige ist, nutze am besten – sofern vom Händler angeboten – die Möglichkeit, eine Farbkarte zu bestellen. Auf dieser sieht man, wie die Töne in Wirklichkeit aussehen.

Und wenn du es ganz genau wissen und die Farbe am Objekt ausprobieren möchtest, dann kannst du dir ein Probetöpfchen bestellen. Das ist sinnvoll, wenn man ein großes Projekt wie zum Beispiel einen Schrank streichen möchte, bei dem wirklich nichts schief gehen soll.

PINSEL ODER ROLLE

Ob du mit einer Farbrolle oder mit dem Pinsel arbeitest und welches Modell du dafür wählst, hängt ganz von deinen persönlichen Vorlieben, Erfahrungen und natürlich von der zu verarbeitenden Farbe ab.

Ich streiche Möbel fast ausschließlich mit einem Pinsel, sehr selten mit einer Rolle. Das ist reine Geschmackssache, aber für mich gehört der Pinsel irgendwie zum Handwerk. Da ich wirklich viel streiche, habe ich mir eine Palette an hochwertigen Pinseln angeschafft, die ich hege und pflege.

Für Streichanfänger ist das aber kein Muss. Doch je mehr man streicht, desto eher merkt man den Unterschied. Ein gutes Ergebnis hängt nicht nur von der Wahl der Farbe ab, sondern unbedingt auch von der Wahl des Pinsels.

Für Innenraumprojekte nutze ich oft zuerst eine Rolle, fahre dann aber mit einem Pinsel noch einmal leicht über die Oberfläche, um den typischen, glatten „Rollenlook“ etwas abzumildern.

Als Farbrolle bieten sich normale Lackrollen aus Polyamid oder Schaumstoff an. Achte auf die Herstellerangabe, ob die Rolle für wasserbasierte oder für löse-

Viele Hersteller bieten auch Farbkarten an.

Auch ein Probetöpfchen ist hilfreich bei der Farbauswahl für dein Möbelstück.

Pinsel gibt es in unterschiedlichen Qualitäten, Größen und Formen für verschiedene Techniken.

mittelhaltige Farben geeignet ist und für welche Untergründe sie konzipiert wurde. Rollen bekommst du im Baumarkt ebenso wie bei vielen Farbherstellern direkt.

Etwas komplizierter wird es beim Pinsel. Sie unterscheiden sich nicht nur durch ihre Form, sondern auch durch die Art der Borsten. Es gibt Pinsel mit Naturborsten und solche mit Synthetikborsten.

Schaut man sich im Baumarkt um, haben die meisten Pinsel Naturborsten. Je länger die Haare sind, desto teurer ist der Pinsel. Das kommt daher, dass die Naturborsten meist vom chinesischen Schwein kommen. Es handelt sich also um ein natürliches Produkt, das beim Schlachten der Tiere abfällt. Je älter das Schwein, desto länger die Rückenborsten, desto teurer der Pinsel. Schweineborsten weisen eine Oberflächenschuppung auf und laufen spitz zu. Außerdem sind ihre Spitzen mehrfach gespalten (vergleichbar mit dem Spliss in den Haaren). Sie können daher mehr Farbe aufnehmen als synthetische Borsten und sie sehr gleichmäßig verteilen. Viele schwören daher auf Naturborsten, die insgesamt sehr widerstandsfähig sind.

Allerdings können die Borsten bei Verwendung von wasserbasierten Farben irgendwann aufquellen. Daher empfahl man früher Naturborsten eher für Farben auf Lösemittelbasis, also für Lacke oder Lasuren.

Synthetikborsten sind Kunstfasern, die den Vorteil ha-

Möbel lassen sich mit Rolle oder Pinsel streichen.

Naturborsten können viel Farbe aufnehmen.

Ein großer Rundpinsel ist gut geeignet für kreative Techniken.

Auch feine Pinsel finden bei einigen Streich-Techniken ihren Einsatz.

ben, dass sie beim Kontakt mit Wasser nicht aufquellen. Man kann also ganz wunderbar auch wasserbasierte Farben damit streichen. Sie nehmen zwar weniger Farbe auf, aber durch komplexe Herstellungsverfahren sind mittlerweile Pinsel im Handel, die durch unterschiedliche Materialien und Borstenlängen dieses Manko recht gut ausgleichen. Wählt man einen feinen, weichen Pinsel, erhält man ein sehr feines und gleichmäßiges Streichbild.

Beim Streichen mit Kreidefarbe kann man also Natur- oder Synthetikborsten benutzen, beides funktioniert. Ein Synthetikpinsel hält aber in Verbindung mit der wasserhaltigen Farbe vielleicht länger als ein Naturborstenpinsel.

Die Länge der Borsten ist für das Streichergebnis maßgebend. Je länger die Borsten, desto feiner das Streichbild. Mit Naturborsten kann man wunderbar im Shabby-Chic-Stil arbeiten, denn die Borsten nehmen viel Farbe auf, geben sie gleichmäßig ab und verleihen durch die Pinselstriche eine gewisse Struktur, die bei diesem Stil gewollt ist.

Möchte man sichtbare Pinselstriche vermeiden, gibt es kleine Tricks: Neben der Verwendung eines hochwertigen synthetischen Pinsels hilft es auch, bei der letzten Streichschicht die Farbe mit einem feinen Wassernebel aus einer Sprühflasche anzufeuchten oder ganz am Ende mit einem feinen 400-er Schleifpapier noch einmal leicht überzuschleifen.

Die richtige Wahl der Borstenform ist abhängig davon, was genau du streichen möchtest. Wenn du ein Möbelstück mit glatter Oberfläche streichen willst, eignen sich flache Pinsel ebenso wie dicke, runde. Möchtest du in die Ecken gelangen, ist ein schräg zulaufender Pinsel nützlich. Für kleine Rundungen, Reliefs oder Ornamente eignet sich ein kleinerer Rundpinsel.

Du merkst schon, die Wahl des Pinsels ist abhängig davon, welches Projekt du dir in welchem Stil vornimmst. Pinsel, ob synthetisch oder natur, bekommst du auch im Baumarkt. Achte auf die Herstellerangabe, sie sagt aus, ob der Pinsel für wasserbasierte oder für lösemittelhaltige Farben geeignet ist. Wirklich hochwertige, extra für das Streichen von Möbeln hergestellte Pinsel gibt es natürlich auch bei den Farbherstellern direkt in riesengroßer Auswahl. Doch wofür du dich auch entscheidest, greife nicht unbedingt zum billigsten Modell! Minderwertige Pinsel verlieren Haare, die beim Streichen nervig auf dem Möbelstück kleben bleiben können. Sie nehmen nicht genügend Farbe auf und bilden Pinselstriche. Lieber einmal etwas mehr Geld ausgeben!

Wichtig ist zudem, den Pinsel nach Gebrauch richtig zu reinigen (mehr dazu auf S. 99).

Was du neben Farbe und Pinsel noch an weiterem Zubehör für dein Möbelprojekt benötigst, erfährst du im Folgenden.

documents
money transfers
accounting

Werkstattausstattung – weiteres Material

Für dein Möbelprojekt sind vielleicht gar nicht viele Werkzeuge nötig.

Viele Arbeiten lassen sich jedoch mit Hilfsmitteln vereinfachen. Sehr nützlich ist beispielsweise ein elektrisches Schleifgerät. Selbst wenn es auch mit der Hand ginge: Für das Abschleifen größerer Flächen macht ein Exzenterschleifer (wenn möglich mit Absaugung) wirklich Sinn.

Auch ein kleiner Dreieckschleifer ist hilfreich, wenn es in die Ecken gehen soll. Für Miniteile, die einen Schliff benötigen, kann ein Dremel mit einem entsprechenden Aufsatz gute Dienste leisten. Auch für andere feine Arbeiten ist er oftmals eine gute Investition.

Wer kein elektrisches Schleifgerät hat, behilft sich mit einem normalen Schleifblock mit Schleifpapier für den Handschliff.

Auch wenn man viele Holzteile schon beim Kauf im Baumarkt zusägen lassen kann, ist eine große Kapp- und Gehrungssäge oftmals Gold wert. Bei vielen Projekten ist eine kleinere Gehrungssäge hilfreich sowie eine Stichsäge für eventuelle Aussägearbeiten.

Und was noch?

- Akkuschrauber und -bohrer
- Zwingen für Reparaturen
- Zollstock
- Bleistift und Lineal
- Schraubendreher
- Cuttermesser und Schere
- Handbesen mit Schaufel

Schutzausrüstung wie Brille und Atemmaske sowie ein Staubsauger ist in jeder Werkstatt ein Muss. Ein kleiner mobiler Möbelroller erleichtert das Rangieren der Möbel und ist hilfreich beim Streichen.

Schleifpapier in unterschiedlichen Körnungen, Beize, Holzspachtelmasse, Klebeband und Holzkleber benötigst du bei fast jedem Vorhaben. Plastikschälchen, Rührstäbchen, verschiedene Detailpinsel, eine Farbwanne, Plastikfolie, Küchenpapier, Gummihandschuhe, Sprühlack und Sprühkleber und eventuell eine schöne Pinselseife ... dies sind keine Must-haves, aber hilfreiche Tools in deiner Möbel-Werkstatt.

Exzenterschleifer

Für filigranere Schleifarbeiten ist der Dremel sehr hilfreich.

Swenſk
Författn
Samling
1852.

Möbel kaufen

Über Farbe, Pinsel und Arbeitsmaterial bist du nun gut informiert. Und wenn du dieses Buch liest, weil du ein vorhandenes Möbelstück umgestalten möchtest, kann es nun fast schon losgehen. Was aber tun, wenn du Lust auf Möbelgestaltung bekommen hast, ohne ein Erbstück, einen Dachbodenfund oder Ähnliches zu besitzen? Wo bekommst du dann ein Objekt zum Bearbeiten her? Hier einige Tipps, wo du fündig wirst.

WO DU MÖBEL FINDEST

Als Erstes natürlich einmal online. Eine gute Seite für gebrauchte Dinge ist Ebay oder besser noch Ebay Kleinanzeigen. Hier kann man bequem den Suchradius wählen und entspannt stöbern. Auch Facebook Marketplace bietet gebrauchte Möbelstücke mit dem Service einer Umkreissuche an. Ich habe bei beiden bisher mehr gute als schlechte Erfahrungen gemacht, aber man sollte ein paar Dinge beachten. Auf der nächsten Seite erfährst du Wissenswertes zum Thema Gebrauchtmöbelkauf.

Auch Haushaltsauflösungen laufen oftmals über Ebay Kleinanzeigen oder lokale Anzeigenblätter. Flohmärkte, Trödelläden oder Sozialkaufhäuser sind natürlich immer eine gute Quelle. Hier darf man auch ruhig mal handeln. Grundsätzlich ist es bei all diesen Fundstellen hilfreich, sich ein wenig auszukennen.

Oft wird etwas als antik verkauft, was noch lange nicht antik ist. Dazu müsste es nämlich mindestens 100 Jahre alt sein. In Trödelläden herrschen zudem manchmal überzogene Preise.

Auch der Sperrmüll ist eine gute Fundgrube. Leider gibt es nicht mehr überall regelmäßige Sammlungen, sondern oft nur noch auf Bestellung. Trotzdem kann man Glück haben und zufällig an einem Haufen vorbeifahren. Rechtlich gesehen darf man hier nicht in jedem Fall etwas mitnehmen, sondern sollte den Eigentümer erst fragen. Auch der Recyclinghof kann mal einen Glücksgriff bieten, wobei die Mitarbeiter oft mit Argusaugen darüber wachen, dass nichts entwendet wird. Oftmals gibt es aber spezielle Unternehmen, die „Schätze" vom Sperrmüll oder Recyclinghof retten und weiterverkaufen oder spenden.

Gebrauchte Möbelstücke bekommt man vielerorts.

Ansonsten gilt: Erzähl deinen Freunden von deiner neuen Leidenschaft! Vielleicht hat einer von ihnen noch ein Stück, das entsorgt werden soll, oder sie haben von jemandem gehört, der etwas abgeben möchte. Wie oft werde ich mittlerweile gefragt, ob ich für dieses oder jenes noch Verwendung habe!

Gebrauchtes mit neuen Details versehen.

TIPPS FÜR DEN GEBRAUCHTMÖBELKAUF

Ein paar Dinge sollte man beim Kauf von gebrauchten Möbeln beachten. Da ist zunächst einmal die Form des Möbelstückes: Wenn sie dir gefällt, ist das schon einmal die Hauptsache. Farbe, Design, Griffe etc. kannst du nämlich ändern, die Form dagegen nicht. Wenn du ein geeignetes Stück gefunden hast, solltest du dir rechtzeitig Gedanken über den Transport machen.

Passt es in dein Auto? Kannst du es alleine tragen? Brauchst du Hilfe?

Wenn diese Fragen geklärt sind, sollte man sich das Stück vor Ort vor dem Kauf unbedingt noch einmal ganz genau anschauen. Wenn man online oder über eine Anzeige auf das Möbelstück gestoßen ist, kennt man ja nur das Foto. Hier gilt es, erst einmal grob zu schauen, ob alles so ist, wie in der Anzeige versprochen. Sind alle Teile vorhanden? Gibt es Schäden, Risse oder Löcher? Und dann: Gibt es versteckte Mängel? Wackelt das Möbelstück vielleicht? Lassen sich

Eines meiner liebsten Ebay-Fundstücke: Die Kinobank.

die Schubladen reibungslos öffnen und schließen? Sind alle Schlüssel vorhanden? Riecht es alt und muffig? Sicher wird bei einem gebrauchten Möbelstück nicht alles einwandfrei sein, notfalls kann man dann aber vor Ort noch über den Preis nachverhandeln.

Und noch etwas: Ich lasse immer jemanden im Freundeskreis wissen, wenn ich etwas bei einem Ebay-Verkäufer abhole. Ich bin nicht ängstlich, aber die Adresse und Uhrzeit an jemanden weiterzugeben und sich nach dem Kauf kurz zurückzumelden, kann ganz bestimmt nicht schaden.

Wer Glück hat, findet etwas auf dem Sperrmüll.

Antiquitäten.

Nicht alles ist antik, was als solches angepriesen wird. Erst ab einem Alter von ca. 100 Jahren bezeichnet man Möbel als antik.

***

M · MATHIEU

Farbtöne und ihre Wirkung

Ich bin der Meinung, man darf einem Möbelstück bedenkenlos jeden Farbton verpassen. Ganz wie man mag. Egal ob ein Jugendstilmöbel rot wird oder eine Mid-Century-Kommode blau. Erlaubt ist doch, was gefällt! Wichtig ist, dass du es leiden magst und dass es zu dir und deiner Einrichtung passt. Schau dir an, wo dein Möbelstück stehen soll, und überlege dir, ob es da alle Blicke auf sich ziehen darf oder sich unauffällig in den bestehenden Stil einpassen soll. Ein weißer Tisch passt natürlich hervorragend in die Skandinavische Landhausküche. Aber vielleicht soll er lieber direkt ins Auge springen? Eine knallgrüne Kommode in einer hellen Umgebung zum Beispiel wird zum ganz besonderen Highlight. Sei dir bewusst, welche Wirkung du hervorrufen möchtest. Denn Farben strahlen Atmosphäre aus. Sind sie warm und wohnlich, bringen sie Sonnenschein und gute Laune. In anderen Tönen wirken sie kühl und meditativ. Wo wird das Möbelstück stehen und welche Ausstrahlung wünschst du dir dafür?

Ein knalliges Grün sticht hervor.

Wusstest du schon, welche Stimmung die einzelnen Farbtöne erzeugen?

- Schwarz steht für Eleganz, es ist klassisch, unergründlich, aber auch dominant.
- Weiß bezeichnet immer Klarheit, Reinheit, Unschuld, es ist zurückhaltend und wirkt geordnet.
- Grau gilt als sachlich, neutral, zurückhaltend und nüchtern.
- Blau ist beruhigend, entspannend, meditativ und steht für Vertrauen und Sehnsucht.
- Rot steht natürlich für Leidenschaft, Feuer, es wirkt warm und lebendig, setzt aber auch ein Warnsignal.
- Grün strahlt Natürlichkeit, Ruhe und Harmonie aus, Frühling und Natur verbinden sich und geben Hoffnung sowie Zufriedenheit.
- Gelb ist warm, energiegeladen, sonnig, dynamisch und sprudelt vor Lebensfreude, Kreativität und Fröhlichkeit.
- Orange ist Kraft, Optimismus, Lebenslust und verteilt gute Laune, Wärme und Gemütlichkeit.
- Lila, oder „der letzte Versuch", ist extravagant, gewagt und mutig.
- Braun- und Beigetöne vermitteln Geborgenheit, strahlen Ruhe und Wärme aus.

Vorbereitung des Möbelstückes

Jetzt möchtest du am liebsten gleich starten! Ein bisschen Vorarbeit ist aber leider immer nötig. Deine Geduld wird dafür mit einem perfekten Finish belohnt!
Sicher fragst du dich, ob du deine Möbel vor dem Streichen auseinander bauen musst. Diese Frage muss jeder selbst für sich beantworten. Wer es perfekt mag – vielleicht sogar, um das Möbelstück zu verkaufen – sollte diese Mühe auf sich nehmen. Nur so gelangt man an Stellen, die ansonsten schwer zugänglich sind. Türen, Klappen und Deckel haben genug Zeit zu trocknen, ohne dass Teile aneinanderstoßen. Wer nicht ganz so perfektionistisch unterwegs ist, kann aufs Auseinanderbauen verzichten. Nobody is perfect!
Egal ob du das Möbelstück nun zerlegst oder nicht, zur Vorbereitung des Streichens gehören in jedem Fall die Reinigung, gegebenenfalls kleinere Ausbesserungsarbeiten und schließlich idealerweise auch ein schnelles Anschleifen.
Bereits lackierte und gewachste oder geölte Möbelstücke erfahren zusätzlich noch diesen extra Schritt:

EXTRA SCHRITT BEI LACKIERTEN MÖBELN

Ist dein Möbelstück bereits lackiert, kannst du dir die Mühe machen, den Altlack komplett zu entfernen. Das ist möglich, indem du die Oberfläche komplett abschleifst. Eine sehr mühsame, langwierige und staubige Angelegenheit. Wasserbasierte Altlacke und Schellackoberflächen lassen sich aber auch mit Alkohol und viel Muskelkraft entfernen, für lösemittelhaltige Lacke benutzt man einen Abbeizer. Man trägt ihn dick auf, lässt ihn am besten unter einer Schicht Frischhaltefolie einziehen und nimmt den Altlack dann mit einer Ziehklinge oder Spachtel vorsichtig ab. Es gibt chemische Abbeizmittel, aber auch biologische, die nicht einmal riechen. Arbeitest du mit chemischem Abbeizer, dann bitte nur mit einer Schutzausrüstung und möglichst nicht in Innenräumen. Du merkst, das Entfernen von Altlacken ist extrem mühsam! Zum Glück ist es aber nicht grundsätzlich nötig. Wenn du mit Kreide-, Acrylfarbe oder Milk Paint streichen möchtest, kannst du nach kurzem Anschleifen nämlich ganz einfach über den alten Lack streichen, sofern er nicht abgeplatzt ist. Abgeplatzte Lackstücke werden vorher entfernt und dann einfach schön glatt geschliffen.

EXTRA SCHRITT BEI GEWACHSTEN ODER GEÖLTEN MÖBELN

Gewachste Möbelstücke erkennt man, indem man mit dem Fingernagel vorsichtig über die Oberfläche fährt. Sie fühlt sich wächsern an und man kann ein bisschen von der Oberfläche abkratzen. Eine andere Möglichkeit ist, mit einem Stück Schleifpapier über das Möbel zu streichen. Wachs würde das Schleifpapier zusetzen. Gewachste Möbel lassen sich nur schwer streichen, man sollte das Wachs also vorher entfernen. Am besten nutzt man dazu eine Ziehklinge und arbeitet in Richtung der Holzmaserung. Hinterher kann man mit einem Wachsentferner aus dem Baumarkt oder mit Waschbenzin die Reste lösen. Danach spült man mit klarem Wasser nach.
Geölte Möbelstücke erkennt man an ihrer matten Oberfläche und der Fähigkeit des Holzes, Feuchtigkeit aufzunehmen. Das Holz fühlt sich strukturiert und warm an. Alte Möbel sind oft geölt oder mit einer Bierlasur oder Möbelpolitur behandelt. In diesem Fall

Der erste Schritt sollte immer eine gute Reinigung des Möbelstückes sein.

Ausbesserungsarbeiten werden vor dem Streichen vorgenommen.

Holzwachs lässt sich auch miteinander mischen.

kannst du mit einem Fettreiniger arbeiten, um die Oberfläche für die Farbe vorzubereiten. Du sprühst ihn auf, lässt ihn richtig einwirken und wischst mit Wasser nach. Benutze Fettreiniger aber nur, wenn das Objekt hinterher gestrichen werden soll, denn er kann das Holz verfärben oder angreifen. Alternativ funktioniert auch hier ein spezieller Öl-/Wachsentferner.

1. REINIGUNG

Jedes Möbelstück muss vor dem Streichen gut gereinigt werden. Auch wenn es auf den ersten Blick sauber erscheint, lass diesen Schritt bitte nicht aus. Man wundert sich, was sich alles auf der Oberfläche ansammelt. Sauge es zunächst gut aus und benutze dann am besten grüne Seife oder Spülmittel (ohne rückfettende Wirkstoffe), einen weichen Schwamm oder Lappen und nur wenig Wasser. Es gibt aber auch spezielle Reiniger, die von den Farbherstellern angeboten werden und extra für die Möbelreinigung konzipiert wurden.

Vergiss beim Reinigen des Möbelstücks nicht seine Innenräume! Holz sollte vor der weiteren Behandlung immer trocken, sauber, staub- und fettfrei sein.

2. AUSBESSERUNGSARBEITEN

SCHADSTELLEN IM HOLZ

Hat das Möbelstück Risse oder Löcher? Dann musst du sie vor dem Streichen verspachteln. Dazu gibt es folgende Möglichkeiten.

Wachskitt

Kleine Fehler kann man mit einem Wachskitt beheben. Je nach Beanspruchung wählt man zwischen Weichwachs und Hartwachs. Beides gibt es in Stangenform und in unterschiedlichen Farben. Weichwachs eignet sich für unbeanspruchte Stellen. Es wird ganz einfach mit dem Finger oder dem beiliegenden kleinen Spachtel in das entsprechende Loch oder den Riss eingearbeitet. Weichwachse sind untereinander mischbar, man knetet sie zusammen, um den Wunschfarbton zu erhalten. Da Weichwachs immer ein bisschen flexibel bleibt, eignet es sich nicht für größere Schäden oder beanspruchte Stellen. Für Schäden an Stellen, die einer höheren Belastung standhalten müssen, nimmt man besser Hartwachs. Tischplatten oder ausgeschlagene Kanten an Schubladenrändern zum Beispiel lassen sich mit einem Hartwachs sicherer reparieren. Das Hartwachs wird mit einem Feuerzeug erwärmt, das flüssige Wachs versiegelt dann die Stelle.

Beide Arten von Wachs sind nach dem Trocknen mit abgestimmten Produkten (s. Herstellerangabe) überlackierbar. Der Vorteil eines Wachskitts ist der einfache und punktgenaue Auftrag ohne großes Verschmieren.

Holzspachtelmasse

Für etwas größere Löcher, Risse oder kleine Spalten wählt man statt Wachskitt eine Holzspachtelmasse. Sie wird mit einem Spachtel aufgetragen, die fehlerhafte Stelle wird nach der vorgeschriebenen Trocknungszeit glattgeschliffen. Die Spachtelmasse zieht sich beim Trocknen etwas zusammen, so dass ggf. ein zweites Mal gespachtelt werden muss. Auch Spachtelmasse gibt es in verschiedenen Farbtönen, wenn man hinterher nicht streichen möchte. Sie ist aber auch überstreichbar.

2-K Holzspachtel

Wer mutig ist, nimmt statt einer herkömmlichen Holzspachtelmasse einen 2-K Holzspachtel (dabei unbedingt Atemmaske und Schutzbrille tragen!). 2-K steht für die 2 Komponenten, die man vor der Verarbeitung zusammenmischt. Der Vorteil dieses Füllmaterials ist die schnelle und unheimlich feste Aushärtung des Materials. Man kann bereits nach wenigen Minuten weiterarbeiten und spart sich die Wartezeit. Nachteil ist die enthaltene Chemie und die Notwendigkeit, schnell, präzise und vorsichtig zu arbeiten.

FURNIERSCHÄDEN

Alles zum Thema Furnier findest du im Kapitel **Oberflächenbehandlung** (s. Seite 43 ff.).

DELLEN IM HOLZ

Dellen im Holz kann man mit dem Bügeleisen beheben. Dazu die Delle mit Wasser benetzen und ein feuchtes Leinentuch auflegen. Mit dem Bügeleisen auf mittlerer Temperatur bügeln. Das Holz quillt wieder auf und gleicht sich mit etwas Glück wieder an.

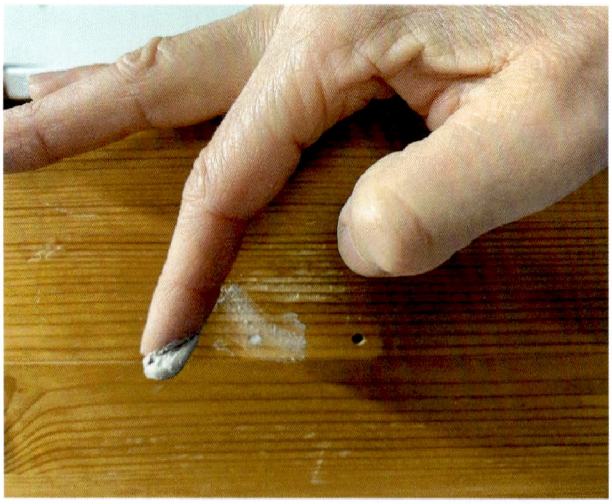

Unbenutzte Grifflöcher vor dem Streichen verspachteln.

Hier ist der Wurm noch sehr aktiv.

Reparaturen vor dem Streichen durchführen.

HOLZWURM

Wenn ein Möbelstück Besuch vom Holzwurm – wie man die Larven des Nagekäfers nennt – hatte, erkennt man das ganz leicht an haufenweisen kleinen, runden Löchern im Holz. Ob er noch aktiv ist oder nicht, erschließt sich hingegen nicht so einfach. Um das festzustellen, muss man das Möbelstück beobachten. Wenn es eine Weile steht und sich unter ihm Holzspäne sammeln, ist es höchste Zeit, etwas zu tun – denn dann ist der Wurm noch aktiv und kann möglichweise sogar in andere Möbelstücke umziehen.

Aber nicht immer rieselt das Holz heraus – obwohl der Wurm noch dort ist. Als Trick gilt, ein paar Eicheln neben das Möbelstück zu legen. Die Nagekäfer-Larven lieben Eicheln und würden sich sofort auf den Weg dorthin machen. Ich verlasse mich nicht auf diesen Trick und behandle mein Möbelstück immer dann, wenn ich Löcher entdecke.

Um den Holzwurm loszuwerden, gibt es verschiedene Möglichkeiten. Kälte und Hitze gehören dazu, denn sie töten den Schädling zuverlässig. Professionelle Möbelrestauratoren geben ihre Objekte daher in große Trocknungsanlagen, in denen sie für ein paar Tage ausreichend hohen Temperaturen ausgesetzt werden. Das ist natürlich kostenintensiv.

Aber auch für uns Upcycler gibt es ein paar Methoden, den Wurm auf natürliche Art zu bekämpfen. Das Möbelstück in Folie gewickelt in die Sonne zu stellen ist eine Idee. Kleinere Teile kann man in den Ofen legen (70–100 ° C Umluft, kein Vorheizen, 1–2 Stunden) oder in die Mikrowelle. Auch Kälte tötet die Larven, sodass das Gefrierfach bei kleinen Objekten infrage kommt.

Mit Isopropanol, einem Alkohol, lassen sich die Würmer ebenfalls vertreiben. Dabei wird das Möbelstück gut eingerieben und sofort mit Folie umwickelt. Der Alkohol ist sehr flüchtig, daher muss man schnell arbeiten. Das Möbelstück dann 2 bis 3 Tage stehen lassen und nachkontrollieren. Diese Vorgehensweise sollte nicht bei Objekten angewendet werden, die mit Schellack behandelt sind, da das Isopropanol diesen anlöst.

Möchte man statt biologischer Tricks lieber die Chemie bemühen, gibt es im Baumarkt diverse Wurmmittel, die ganz einfach ein bis zweimal aufgestrichen werden und das Thema ist beendet. Aber Achtung: Chemische Mittel, die häufig einen Eigengeruch haben, verbleiben im Möbelstück, dessen sollte man sich bewusst sein.

STABILITÄT

Überpüfe zunächst, ob das Möbelstück stabil steht. Sind die Schubladen fest? Ist die Rückwand intakt? Nimm Verleimungen und Verschraubungen vor dem Streichen vor.

KLEMMENDE SCHUBLADEN

Sind die Schubladen eines Möbelstückes schwergängig, gibt es ebenfalls ein paar Tricks. Zunächst muss man sicherstellen, dass sie in der richtigen Reihenfolge eingelegt sind, denn wenn man sie untereinander vertauscht, kann es vorkommen, dass sie nur schwer laufen. Stimmt die Reihenfolge und sie haken noch immer, kann man mit Wachs nachhelfen. Einfach auf den Laufleisten und den Seiten der Schublade wachsen und sie gleiten wieder besser. Sollte das noch immer nicht helfen, kommt Schleifpapier ins Spiel: Überschleife die Seiten und die Laufleiste einmal, wachse alles – und die Schubladen sollten wieder schließen.

FEHLENDE TEILE

Fehlen dem Möbelstück Ornamente, Zierleisten oder ganze Stücke, versucht man, Ersatz im Fachhandel zu bekommen. Notfalls kann man sich fehlende Stücke neu erstellen, indem man sie „nachbaut“: Dazu wird der vorhandene Teil mit Trennöl (zum Backen) eingerieben und anschließend mit einigen Schichten Heißkleber aus der Heißklebepistole belegt. So entsteht nach dem Abkühlen eine Art Abdruck oder Matritze, die man dann mit Spachtelmasse oder Gips auffüllen kann. Und fertig ist das fehlende Teil!

GRIFFE UND BESCHLÄGE

Griffe und Beschläge sollten vor dem Streichen möglichst entfernt werden. Falls das nicht machbar ist, klebe sie sorgfältig ab. Willst du später neue Griffe anbringen, dann verspachtele jetzt die alten Grifflöcher. Neue werden am besten erst nach dem Streichen gebohrt.

SCHIMMEL

Weist das Holz Schimmel auf, kann man mit Isopropanol, einem Reinigungsalkohol, arbeiten. Bitte vorsichtig handhaben! Trage ihn auf und nimm ihn mit einem Tuch wieder ab, dabei an Gummihandschuhe, Atem- und Schutzmaske denken! Gebrauchshinweise zu Lagerung und Lüftung beachten! Wer nicht damit hantieren mag, wählt Spiritus, Essig oder heißes Sodawasser (1 l Wasser und 1 EL Soda).

GERÜCHE

Ärgerlich, wenn alte Möbel auch alt riechen. Sie verströmen manchmal einen ganz typischen „Duft“ nach Dachboden, Keller, Mottenkugeln oder feuchtem Holz – und das ist manchmal wirklich schwer zu neutralisieren. Wenn ich ein Möbelstück angeboten bekomme, das extrem stark riecht, lasse ich lieber die Finger davon. Ist der Geruch nicht allzu stark, kann man ein paar Tricks anwenden, um ihn dauerhaft zu entfernen. Mein erster Schritt dabei ist, Zeitungspapier zu zerknüllen und in die Schubladen und Fächer zu legen. Dort kann es ein paar Tage den Geruch aufnehmen. Das bewirkt in moderaten Fällen manchmal schon Wunder. Parallel reinige ich das Möbelstück mit einem Essig-Wasser-Gemisch. Essig hilft sehr gut. Ich lasse ihn gut trocknen und wiederhole die Prozedur gegebenenfalls. Kleine Schälchen mit Essigwasser oder anderen Essenzen, im Inneren aufgestellt, unterstützen die Wirkung. Auch Kaffeepulver, Soda, Natron, Backpulver, Katzenstreu sind hervorragende Geruchsbinder. Wechsle die Substanz nach ein paar Tagen aus. Eine Reinigung mit billigem Wodka empfiehlt schon

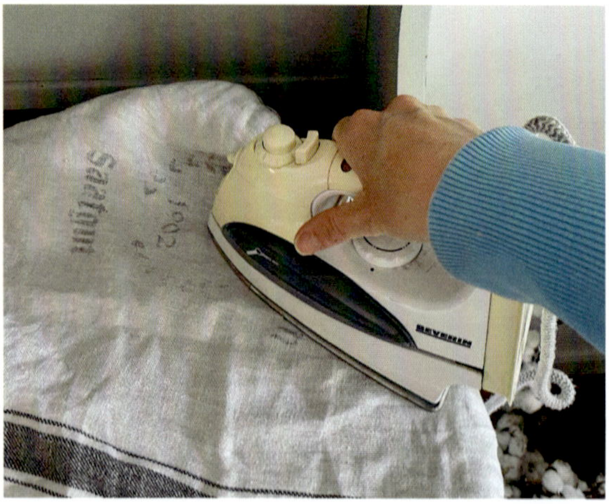

Frische Wasserringe lassen sich mit einem Bügeleisen entfernen.

Griffe und Beschläge vor dem Streichen entfernen.

Aufkleber lassen sich mit einer Heißluftpistole lösen.

Ein Anschleifen des Möbels sollte nicht ausgelassen werden.

Schimmel muss man behandeln.

Martha Stewart, die Mutter aller amerikanischen Hausfrauen. Der Alkohol desinfiziert und bindet dabei ebenfalls schlechte Gerüche. In schlimmen Fällen oder wenn das Möbelstück nach Tierurin riecht, kann ein biologischer Enzymreiniger Abhilfe schaffe. Die Mikroorganismen ernähren sich von den Verschmutzungen. Einfach aufsprühen und trocknen lassen.

Wenn alle diese Tricks nicht wirken, kann es helfen, das Möbelstück gründlich abzuschleifen und mit einer Sperr-Grundierung zu streichen.

AUFKLEBER UND KLEBERESTE

Es gibt spezielle Aufkleber-Entferner Sprays aus dem Autohandel. Wer eine günstige Alternative sucht,

kann Aufkleber wunderbar mit heißer Luft (Föhn oder Heißluftpistole) entfernen. Achtung bei der Verwendung einer Heißluftpistole – sie wird sehr heiß und kann Verbrennungen am Holz hervorrufen.
Verbleiben Klebereste, nimmt man diese mit heißer Luft und einer Ziehklinge oder einem Spachtel ab. Sie lassen sich aber auch mit Ölhaltigem entfernen. Ein normales Salatöl oder ein Orangenöl helfen. Einfach auftragen, kurz einwirken lassen und mit einem Tuch abnehmen. Das Öl löst den Kleber. Auch acetonhaltiger Nagellackentferner funktioniert, hier bitte immer vorher an verdeckter Stelle auf Verfärbungen testen und mit Schutzmaske arbeiten! Ich benutze auch das ölhaltige Schmiermittel WD-40. Wenn das Öl dabei tief in das Holz dringt, kann es anschließend allerdings Probleme beim Überstreichen geben – es kann passieren, dass die Farbe hier nicht haftet. Wenn du also das Holz später streichen möchtest, solltest du lieber auf die Heißluftpistole setzen.

WASSERRINGE
Wasserflecken oder -ringe kommen auf alten Möbeln leider sehr oft vor. Sind sie frisch, erscheinen sie weißlich und man kann sie mit ein paar Tricks noch gut entfernen. Als erste Maßnahme ein Baumwolltuch auflegen und mit einem warmen Bügeleisen die Feuchtigkeit herausbügeln.
Meist sind bei Gebrauchtmöbeln die Wasserringe bereits eingezogen und dunkel, fast schon schwarz. Sie sind dann schwer zu entfernen. Ich habe ein paar mögliche Tricks ausprobiert, leider meist ohne richtigen Erfolg. Um dunkle Ringe auszubleichen oder sogar ganz loszuwerden, kann man sie mit Holzbleiche bearbeiten oder mit einer Zahnpasta ohne Schleifpartikel. Auch Mayonnaise, Vaseline oder Zigarettenasche wird manchmal empfohlen. Ebenso kann eine Mischung aus Sonnenblumenöl mit Salz oder auch reine Zitronensäure das Problem lösen. All diese Mittel werden kreisförmig aufgerieben und nach einer Weile mit einem weichen Tuch wieder abgenommen. Hinterher ist es wichtig, gut mit Wasser zu reinigen, denn Zitronensäure zum Beispiel bleicht das Holz aus. Um die Ringe zu entfernen, versuche ich es meist mit Abschleifen. Wenn diese Prozedur nicht gelingt, bleibt nicht mehr übrig, als die entsprechende Stelle zu überstreichen. Möbel mit einem größeren Wasserschaden kaufe ich übrigens nicht. Hier sind die Schäden oft irreparabel.

3. ANSCHLEIFEN

Auch wenn man beim Streichen mit Kreidefarbe, Acrylfarbe und Milk Paint laut Hersteller nicht zwingend anzuschleifen braucht, lasse ich diesen Schritt so gut wie nie aus. Das Ergebnis wird einfach besser, wenn man den Untergrund gut vorbereitet und der Farbe somit auch einen Grip gibt. Wer aber die Zeit nicht investieren möchte, muss das nicht unbedingt tun.
Wenn du einen Teil deines Möbelstückes im Originalholz belassen möchtest (Deckplatte, Beine), liest du mehr zur Behandlung dieser Oberflächen im Kapitel **Oberflächenbehandlung** (s. Seite 40). Denn manchmal sieht es wunderschön aus, nicht das ganze Möbelstück zu streichen, sondern Teile in der alten Optik zu belassen. Bei antiken Möbeln kann das eine tolle Kombination sein!
Alles, was später Farbe bekommen soll, sollte nun also einmal grob angeschliffen werden. Ich benutze dazu einen Schleifblock mit einem Schleifpapier mit der Körnung 150. Ein paar Mal mit dem Schleifpapier über das Möbelstück zu gehen, reicht hier komplett aus.
Rundungen, Kanten oder Verzierungen erreicht man besser mit einem flexiblen Schleifschwamm oder einem Streifen einer Schleifvliesrolle. Stahlwolle sollte man übrigens besser nicht zum Schleifen von Holz benutzen. Schutzbrille und Atemmaske sind ein Muss, denn der feine Staub kann gesundheitsschädlich sein!
Anschließend das Möbelstück gut vom Schleifstaub befreien. Hier hilft ein Staubsauger oder auch Staubbindetücher, die es im Baumarkt gibt.

4. ABKLEBEN

Wenn nötig, ist nun Zeit für das Abkleben der Teile, die nicht mit gestrichen werden sollen. Achte auf ein hochwertiges Klebeband. Bei günstigen Produkten läuft die Farbe unter das Band und verursacht ein unsauberes Streichbild. Klebe das Band sorgfältig auf und ziehe es nach dem Streichen, noch im feuchten Zustand der Farbe, wieder ab. Ansonsten kann sich die Farbe beim Trocknen mit dem Band verbinden und reißt beim Abziehen wieder auf.

Klebebänder gibt es in unterschiedlichen Stärken.

Mit einem Öffner für Farbdosen bleiben die Deckel unbeschädigt.

Klebeband gibt es mit unterschiedlicher Klebekraft für verschiedene Oberflächen. Klebst du etwas auf bereits gestrichenem Untergrund ab, benutze unbedingt ein Tape für empfindliche Flächen.

5. ARBEITSPLATZ EINRICHTEN

Bevor du dein Möbelstück im nächsten Schritt streichst, bereite deinen Arbeitsplatz vor. Wenn du mit wasserbasierten Farben arbeiten möchtest, kannst du dies ganz wunderbar auch in Innenräumen machen. Die Farbe riecht nicht und trocknet schnell. Lege dir eine Decke, eine Zeitung oder eine Plane unter, damit der Fußboden nichts abbekommt. Falls doch ein Klecks daneben geht, entferne ihn am besten sofort mit Wasser. Wenn du ihn erst später entdeckst und der Fleck bereits getrocknet ist, kannst du versuchen, ihn mit einem Spachtel abzunehmen. Lege dir nun Farbe, Pinsel bzw. Rolle, Klebeband und Küchenpapier zurecht. Metalldosen öffnet man am besten mit einem speziellen Farbdosenöffner, um den Rand nicht zu beschädigen. Bevor du startest, vergiss nicht, die Farbe wirklich gut aufzurühren.

Hübsche Kombination aus Holz und Farbe

Trödel.

Alte, als wertlos, unnütz angesehene Gegenstände
(besonders Kleider, Möbel, Hausrat);
alter, unnützer Kram

***

7SK
JAZ

Oberflächenbehandlung von Holz

Die professionelle Bearbeitung von Holzoberflächen ist eine umfassende Wissenschaft, die man in vielen Jahren erlernt und die mit sehr langer Erfahrung verbunden ist. Ich bin weder Tischlerin noch Möbelrestauratorin und beschränke mich in diesem Buch daher auf die Hilfsmittel und Techniken, die ich einsetze und die auch für dich leicht und einfach nachzumachen sind. In diesem Kapitel geht es um Holzoberflächen, die ihre ursprüngliche Holzoptik behalten sollen. Denn man muss ja nicht immer das ganze Möbelstück streichen. Eine schöne Möglichkeit, den alten Charakter eines Möbels zu erhalten, ist es, Teile davon im Originalholz zu belassen. Manchmal besteht die Deckplatte einer Kommode aus wunderschönem Holz, das es wert ist, erhalten und gegebenenfalls aufgearbeitet zu werden. Oder die Türen eines Schrankes sollen ihre ursprüngliche Optik bewahren, während nur der Rest gestrichen wird. Wie wäre es, die Beine eines Stückes im Original zu belassen? Es gibt wirklich wunderschöne Kombinationen!

Wie aber behandelst du das Holz, wenn es ursprünglich bleiben soll?
Eventuell hast du Glück, die Holzteile sind noch gut, gefallen dir und benötigen daher keinerlei weitere Arbeit. Sind sie perfekt lackiert oder mit Schellack behandelt, können sie einfach so bleiben. Eine gewachste Oberfläche kannst du einfach mit etwas Wachs erneuern. Ist das Holz unbehandelt oder geölt, kann man es mit einem Holzöl noch einmal wunderbar auffrischen. Manchmal aber versteckt sich das wunderschöne Holz noch unter einer zerkratzten, alten Lackschicht. Diese muss dann leider komplett abgebeizt oder abgeschliffen werden.

ALTLACK ABNEHMEN

Wenn die alte Lackschicht nicht mehr intakt ist, kann man sie mithilfe einer Heißluftpistole ablösen. Dabei muss man vorsichtig arbeiten, um das Holz nicht zu beschädigen. Die heiße Luft löst den Lack und mit einem Spachtel kann man die Schicht dann abnehmen. Reicht dies noch nicht aus, kann man zu chemischen Abbeizern greifen, die im Baumarkt erhältlich sind.
Achte auf die Gebrauchsanweisung! Der Abbeizer wird dick auf die lackierte Fläche gestrichen (fast schon gestupft) und muss dann mehrere Stunden einwirken. Da die Flüssigkeit unterdessen nicht austrocknen sollte, kannst du das Möbelstück während der Einwirkzeit in eine Klarsichtfolie einwickeln. Einige Farbhersteller bieten auch biologische Abbeizer an (Painting the Past zum Beispiel hat einen sehr Guten im Angebot).
Wichtig ist in allen Fällen eine ausreichende Schutzausrüstung und eine gute Belüftung! Das Mittel löst den alten Lack. Nach der Einwirkzeit wird er einfach mit einem Spachtel abgenommen. Abbeizen ist eine sehr mühsame und klebrige Angelegenheit, daher versuche ich meist, sie zu vermeiden.
Wenn du alten Schellack entfernen möchtest, kannst du Spiritus oder Alkohol benutzen. Der Schellack wird damit angelöst und kann mit feinster Stahlwolle und einem frischen Tuch abgenommen werden.

SCHLEIFEN

Hast du dich entschlossen, die Holzteile abzuschleifen, sollte dies sehr sorgfältig in mehreren Durchgängen geschehen.

Abbeizen mit biologischem Mittel

Angelöste Schellack-Schicht

Schleifen mit dem Exzenterschleifer

Der Winkelschleifer ist praktisch für Ecken und Kanten.

Einige Teile lassen sich am besten per Hand schleifen.

Schleifpapier, Vlies und Schwämme

ELEKTRISCHE SCHLEIFGERÄTE

Wenn du eine große und glatte Fläche, wie zum Beispiel die Deckplatte einer Kommode, abschleifen möchtest, empfiehlt sich der Einsatz eines Exzenterschleifers, möglichst mit Staubabsaugung. Führe ihn am besten in kleinen, runden Bewegungen ohne Druck.

Für Ecken und Kanten wiederum ist ein kleiner Dreieckschleifer sinnvoll. Für beides gibt es zugeschnittene Schleifpapiere, die einfach aufgeklettet werden.

Für Rundungen oder Reliefs kann ein elektrischer Minischleifer (z.B. Dremel) gute Dienste leisten. Für größere Schleifgeräte gibt es auch spezielle Schaumstoffzuschnitte, die zwischen Schleifteller und Schleifpapier gelegt werden und eine gewisse Flexibilität bieten. Ansonsten benutzt man für Rundungen am besten weiche Hand-Schleifschwämme.

HANDSCHLIFF

Natürlich kann man auch per Hand abschleifen, das erfordert bei großen Flächen aber eine Menge Muskelkraft. Für kleinere Flächen, schwer erreichbare Stellen, oder, wenn man ganz vorsichtig schleifen möchte (Furnier), bieten sich Schleifklötze an, auf denen vorgeschnittenes Schleifpapier mit Klettrückseite haftet, oder ganz einfache Korkblöcke, um die man ein selbst zugeschnittenes Schleifpapier herumlegt. Im Handel gibt es auch flexibles Schleifvlies oder Schleifschwämme, die sich für Ecken oder Rundungen anbieten.

SCHLEIFPAPIER

Die Stärke des Schleifpapiers wird durch die Körnung angegeben, die auf der Rückseite aufgedruckt ist. Dabei entspricht eine hohe Zahl einer feinen Körnung. Ein Schleifpapier mit der Körnung 240 ist also wesentlich feiner als eines mit einer Körnung von 80.

Man schleift immer von grob nach fein. Das bedeutet, man beginnt mit einem Schleifpapier mit einer groben Körnung (= kleine Zahl) und arbeitet sich von Durchgang zu Durchgang in Schritten aufwärts. Je nach Holzart wählt man bei Weichholz (z.B. Fichte, Tanne) eine Körnung von 80, 120, dann 150, bei Hartholz (z.B. Eiche, Mahagoni, Teak) eine Körnung von 150, 180 und abschließend 240. Möchte man sehr dicke Lackschichten abschleifen, arbeitet man am

Gelochtes Schleifpapier für die Staubabsaugung

besten mit einer Körnung von 40 bis 80. Es gilt: Immer in Richtung der Holzmaserung schleifen, sonst gibt es Riefen und Rillen, die sehr schwer zu entfernen sind. Ist das Holz fertig geschliffen, kann es noch gefärbt werden. Mehr dazu auf Seite 47 unter Rohes Holz färben.

In jedem Fall muss die Oberfläche versiegelt werden, um einen Schutz gegen Verschmutzungen und Wasser zu erhalten. Die verschiedenen Möglichkeiten stelle ich im Kapitel Versiegelung (s. Seite 84) vor.

FURNIER

Was ist eigentlich Furnier? Ein Furnier ist eine dünne Holzschicht, die aus Echtholz oder Holzimitat in einem wirklich aufwendigen Verfahren hergestellt ist. Es ist meist nur wenige Millimeter dick, und wird mit einem Kleber auf einer meist einfachen und günstigen Holzplatte, manchmal sogar einer Spanplatte, verklebt. Diese Art der hochwertigen und aufwendigen Oberflächenveredelung ist sehr alt. Schon ungefähr 3000 vor Christus wurden in Ägypten die Furnierblätter in mühsamer Handarbeit mit Sägen aus dem Baum geschnitten. Diese kunstvolle Technik wurde perfektioniert und gelangte auf Umwegen auch zu uns. Heutzutage wird das Furnier meist nicht mehr gesägt, sondern vom Stamm geschält. Ungefähr ab den 50er Jahren erlebten furnierte Möbelstücke in Deutschland eine echte Hochphase. Der Vorteil war, dass das Trägermaterial günstiger sein konnte, die

Echtholzfurnier auf einer Schublade

Das Furnier zeigt Risse und wellt sich.

Optik aber aufgrund des Echtholzfurnieres sehr hochwertig war. Später kamen dann statt Echtholzfurnieren auch günstigere und widerstandsfähigere Holzimitate zum Einsatz.

FURNIER SCHLEIFEN

Möchte man das Echtholzfurnier auf einem Möbelstück im Original behalten, sollte man sich gut überlegen, ob man es noch einmal abschleifen muss. Wenn man sich dafür entscheidet, sollte man sehr vorsichtig, am besten per Hand mit einem feinen Schleifpapier (Körnung 400), vorgehen. Zu schnell ist das Furnier durchgeschliffen und es bleibt als einzige Alternative das Überstreichen.

FURNIER STREICHEN

Wenn man ein Furnier streichen möchte, sollte man möglichst Farben ohne Lösemittel einsetzen. Da Furniere aufgeklebt sind, könnten die Lösemittel im schlechtesten Fall nämlich den Kleber anlösen und somit das Furnier beschädigen. Kreidefarbe, Fusion

Mineral Paint und Milk Paint sind wasserbasiert und eignen sich daher zum Streichen. Zum Reinigen vorab einfach ein bisschen Spülmittel benutzen und nur leicht feucht abwischen. Und auch hier gilt: Möchtest du das Furnier vor dem Streichen noch anschleifen, achte auf ein sehr feines Schleifpapier (Körnung 400) und gehe äußerst vorsichtig vor! Zur Versiegelung bieten sich Öl, Wachs, Hartwachsöl oder ein wasserbasierter Lack an.

FURNIER REPARIEREN

Ist das Furnier beschädigt, kann man versuchen, es vorsichtig auszubessern. Kleine Kratzer und Rillen kann man mit einem Holzwachs oder einer Holzpaste (Baumarkt) vorsichtig auffüllen. Hat sich das Furnier gelöst, kann man zunächst versuchen, den Furnierkleber durch Wärme zu reaktivieren und es wieder anzukleben. Dazu nimmt man am besten ein Bügeleisen mit mittlerer Temperatur, legt ein Baumwolltuch zum Schutz auf die defekte Stelle und bügelt das Furnier vorsichtig. Mit ein wenig Glück kann man das Furnier so wieder zurück in Form kleben.

Funktioniert dies nicht, ist der Kleber wahrscheinlich schon zu alt. Dann besteht die Möglichkeit, die defekte Stelle vorsichtig mit frischem Holzleim (oder Knochenleim) zu unterlegen. Dazu nutzt man entweder einen feinen Pinsel oder, bei ganz kleinen Defekten, eine Spritze mit einer feinen Nadel. Der Kleber sollte möglichst nicht unter dem Furnier heraus quellen. Das Furnier dann anpressen und wenn möglich mit einem Gegenstand beschweren oder fixieren.

Fehlen dem Furnier jedoch bereits Stücke, muss man diese mit einem extra zugeschnittenen Furnierteil in der gleichen Optik und Stärke ersetzen. Dazu besorgt man sich ein ähnliches Furnier und schneidet mit einem Cuttermesser ein entsprechendes Teil zu. Achte auf die Holzmaserung und das Muster! Das neue Teil wird dann mit Leim eingeklebt und ebenfalls angepresst.

FURNIER ENTFERNEN

Ist das Furnier zu stark beschädigt, um es zu reparieren oder zu überstreichen, kann man es komplett entfernen. Dazu ist es zunächst einmal sinnvoll, das Holz einzuweichen. Lege dafür ein feuchtes Tuch für 2 bis 3 Stunden auf das Furnier. Achtung: Wirklich nur dort auflegen, wo das Furnier entfernt werden soll, sonst kann das umgebende Holz durch die Feuchtigkeit beschädigt werden. Ist das Holz dann gut durchfeuchtet, legst du ein trockenes Baumwolltuch auf, stellst ein Bügeleisen auf mittlere Temperatur und wärmst langsam Stück für Stück das Furnier an. Der Kleber löst sich und nach einer Weile kannst du das Tuch entfernen und stückweise mit einem Spachtel das Furnier vorsichtig abheben. Eventuelle Kleberreste nimmst du mit einer Ziehklinge ab oder schleifst sie ab.

Furnier sollte man immer vorsichtig abnehmen.

Mit einem feuchten Tuch lässt sich Furnier anlösen.

Kombination aus Furnier und Milk Paint

Beize gibt es von verschiedenen Anbietern.

Auftragen einer Beize mit einem Schwämmchen

ROHES HOLZ FÄRBEN

Eine Kombination aus Farbe und ursprünglichem Holz kann auf einem Möbelstück sehr schön aussehen. Auf den Seiten 41 ff. hast du schon erfahren, wie du vorgehen musst, um das Holz richtig abzuschleifen. Wenn es nun nicht der Farbe entspricht, die du dir vorstellst, gibt es die Möglichkeit, das Holz zu färben.

BEIZE

Eine Holzbeize färbt das Holz ein. Man kann die vorhandene Farbe verändern oder auch einfach noch einmal auffrischen. Die Holzmaserung bleibt dabei sichtbar. Beizen sind wasser-, öl- oder lösungsmittelbasiert. Lösemittelbasierte Beizen erzielen ein etwas rustikaleres Beizbild als wasserbasierte. Die Marken sind untereinander mischbar, sodass man seinen Wunschton kreieren kann.

Teste deinen Beizton immer vorab auf einem Stück gleichem oder ähnlichem Holz oder an unsichtbarer Stelle, damit du keine Überraschung erlebst. Denn der endgültige Farbton eines gebeizten Stückes ist abhängig von der Holzart und der Oberfläche. Unterschiedliche Holzarten saugen unterschiedlich viel Beize. Und auch ein sägeraues Stück Holz nimmt mehr Beize auf als zum Beispiel ein gehobeltes. Man sollte in jedem Fall auch immer die Herstellerempfehlung lesen!

Zunächst musst du das Holz für das Beizen vorbereiten. Dazu musst du es erst einmal säubern. Damit die Beize nicht mit Metall in Berührung kommt (Gefahr des Verfärbens), entfernt man ggf. alle Beschläge. Falls sich Aufkleber, z.B. Preisschilder, auf dem Holz befinden, müssen die Klebereste sorgfältig entfernt werden. Anschließend schleifst du das Holz in mehreren Durchgängen mit verschiedenen Körnungen. Für Weichholz empfiehlt sich ein Schliff mit 80, 120 und 150, bei Hartholz ein Schliff mit 120, 150 und 180. Bei feinerem Schleifergebnis kann das Holz die Beize nicht mehr aufnehmen.

Arbeitest du mit Wasserbeize, kannst du für ein möglichst feines und ebenmäßiges Beizbild das Holz vor dem Beizauftrag noch einmal wässern. Beim Schleifen wurden die kleinen Holzfasern nämlich gekappt und wieder angedrückt. Beim Beizen würden sich diese Fasern nun voll Flüssigkeit saugen und wieder aufstellen. Dadurch würde das Holz rauer. Wässert man das Holz aber vor dem Beizauftrag noch einmal, stellen sich die Fasern auf und man kann sie noch vor dem Beizvorgang endgültig kappen/abschleifen. Das Beizergebnis wird somit feiner und glatter. Um zu wässern, geht man einfach mit einem feuchten Schwamm über das fertig geschliffene Holz und lässt es dann trocknen. Mit einem frischen Schleifpapier von 150 bis 180 nimmt man dann einen leichten Zwischenschliff vor, um die Holzfasern zu kappen. Vor dem Beizen den Schleifstaub entfernen. Bei lösemittelhaltiger oder ölhaltiger Beize muss man nicht wässern.

Jede Beize muss geschüttelt oder gerührt werden und wird dann mit einem metallfreien Pinsel oder ei-

Ölbasierte Gel-Beize lässt sich einfach auftragen.

Vor dem Beizen muss sorgfältig geschliffen werden.

Eine Beizprobe sollte man an versteckter Stelle durchführen.

Holz wird vor der Behandlung mit Wasserbeize gewässert.

Eine Lasur lässt die Holzmaserung erkennen.

Ansetzen einer DIY Beize mit Kreidefarbe

Vergleich Ergebnis DIY Beize nach mehrmaligem Auftrag

nem Lappen/Schwamm zügig und in einem Arbeitsgang ohne Ansätze in Maserrichtung aufgetragen. Es empfiehlt sich, dabei Gummihandschuhe zu tragen, denn die Beize färbt ab!

TIPP: Bei stehenden Oberflächen, also zum Beispiel Möbelfronten, immer von unten nach oben beizen! Ansonsten läuft die Beize in Streifen nach unten – ein irreparabler Fehler!

Nach kurzer Einwirkzeit (5 bis 10 Minuten) wird der Überschuss mit einem Pinsel oder Tuch auch wieder in Maserrichtung abgenommen. Je nach gewünschter Intensität kann der Auftrag nach einer Trockenzeit von 4 bis 6 Stunden und einem Zwischenschliff mit 240er Schleifpapier wiederholt werden.
Achtung bei ölbasierten Beizen: Die getränkten Lappen können sich selbst entzünden! Immer sorgfältig und luftdicht lagern oder entsorgen. Sicherheitshinweise lesen!
Eine gebeizte Oberfläche muss nach dem Trocknen versiegelt werden, denn eine Beize alleine schützt nicht vor Wasser oder Schmutz. Geeignet dafür sind Lack, Hartwachsöl oder Wachs. Mehr dazu im Kapitel Versiegelung (s. Seite 84 ff.).

FARBIGE LASUR

Eine Lasur dringt zwar in das Holz ein, liegt aber nur als leichte Schicht auf. Sie lässt die Holzmaserung erkennen und wirkt trotzdem wie eine Schutzschicht. Eine Lasur muss nicht mehr zusätzlich versiegelt werden. Es gibt sowohl farblose als auch farbige Lasuren, die den Ton des Holzes verändern. Außerdem gibt es sie wasserbasiert und lösemittelbasiert. Oft werden Lasuren für den Outdoor-Bereich benutzt, sie sind aber auch für Möbelprojekte geeignet.
Das Holz sollte wie beim Beizen vorbereitet werden (schleifen, ggf. wässern). Zum Auftragen einer Lasur benutzt man am besten einen metallfreien Pinsel, besser noch einen Schwamm oder eine Rolle. Streiche die Lasur in Maserrichtung auf. Nach einer Trocknungszeit von ca. 3 bis 4 Stunden schleifst du noch einmal mit einem 240er Schleifpapier, bevor du eine weitere Schicht aufträgst. Herstellerangaben beachten!

GÜNSTIGE ALTERNATIVE: DIY BEIZE

Anstelle einer „echten" Beize oder einer farbigen Lasur kannst du dir auch eine ganz natürliche Beize aus Kreidefarbe oder Milk Paint herstellen. Das ist natürlich keine echte Beize, aber wenn man Kreidefarbe/Milk Paint mit Wasser verdünnt (ungefähr im Verhältnis 3:2), mit einem Pinsel aufträgt und hinterher mit einem Lappen nachwischt, hat man einen ähnlichen Effekt. Die Farbe legt sich in einer dünnen Schicht auf die Oberfläche und lässt die Maserung erkennen. Je nach gewünschter Intensität kann man diesen Schritt wiederholen. Eine solche Oberfläche muss natürlich auch versiegelt werden. Mehr dazu im Kapitel Versiegelung (s. Seite 84 ff.).

RUST-OLEUM brand
125ml e
14006.DE.0.125

Grundierung

HAFTGRUND FÜR SEHR GLATTE OBERFLÄCHEN

Manche Oberflächen müssen vor dem Streichen grundiert werden. Dafür gibt es verschiedene Gründe. Sehr glatte Flächen sollten mit einem Haftgrund behandelt werden, damit sie der Farbe Halt bieten. Das ist etwa der Fall, wenn man Metall, Glas, MDF oder zum Beispiel Küchenfronten aus Kunststoff streichen möchte. Auch Möbel, die mit einer sehr glatten Lackschicht versehen sind, sollten erst angeschliffen und dann einmal grundiert werden.
Dafür gibt es im Handel speziell abgestimmte Produkte.

Die Inhaltsstoffe aus dem Holz schlagen durch die Farbe und verfärben diese dauerhaft.

SPERRGRUND GEGEN DURCHBLUTEN

Eine Grundierung kann aber auch dann nötig sein, wenn man rohes, also unbehandeltes Material streichen möchte. Bei Holz, das noch nicht gestrichen oder lackiert wurde, kann es nämlich passieren, dass es ausblutet. Und das kann unangenehm sein. Doch der Reihe nach. Was bedeutet denn „ausbluten"? Zu den organischen Bestandteilen von Holz gehören Farb- und Gerbstoffe, Harze, Fett, Wachs und Mineralien. Streicht man mit wasserbasierter Farbe, können sich diese Stoffe aus dem Holz lösen, an die Oberfläche gelangen und dort durch die Farbe hindurch gelbliche Flecken bilden. Diese lassen sich nicht entfernen oder überstreichen, sie schlagen immer wieder durch. Ein ärgerliches Erlebnis. Das passiert nicht bei jedem Holz, einige Sorten sind anfälliger als andere. So schlagen bei Eiche, Mahagoni oder Tropenhölzern die Inhaltsstoffe gerne durch. Auch Kiefer tendiert zum Ausbluten.

Zum Glück lässt sich dieses Problem ganz einfach vermeiden. Eine Grundierung mit Sperrwirkung verhindert nämlich zuverlässig das Durchschlagen der Holzinhaltsstoffe. Ist man also unsicher, ob das Holz ausbluten wird oder nicht, greift man zur Sicherheit lieber auf eine Grundierung mit Sperrwirkung zurück. Es ist zwar ein zusätzlicher Arbeitsschritt, erspart einem am Ende aber vielleicht eine Menge Arbeit und Ärger.
Eine Grundierung mit Sperrwirkung gibt es von verschiedenen Anbietern auch im Baumarkt. Wichtig ist der Zusatz „Isoliert Holzinhaltsstoffe" oder „Gegen Durchbluten". Aber auch die Kreidefarbenanbieter haben Produkte im Sortiment, einige davon bieten die Grundierung nicht nur in Transparent, sondern auch in Weiß oder Grau an.
Wirksam ist auch Schellack, der auf rein natürlicher Basis entsteht und gesundheitlich unbedenklich ist.

Auch Plastik lässt sich mit entsprechender Grundierung streichen.

Eine Grundierung mit Sperrwirkung verhindert das Durchschlagen der Holzinhaltsstoffe.

Sperrgrund gibt es in unterschiedlichen Farben.

Schellackflocken werden in Ethylalkohol gelöst.

Er wird schon seit Hunderten von Jahren im Möbelbau eingesetzt. Schelleck wird aus den harzigen Ausscheidungen der Lackschildlaus gewonnen und in Spiritus gelöst. Er lässt sich sowohl als isolierende Grundierung als auch zum Polieren nutzen, wird allerdings durch lösehaltige Farben angegriffen. Für wasserbasierte Farben ist Schellack gut geeignet. Man kann ihn fertig angemischt kaufen oder man löst im Handel erhältliche Schellackflocken selber in Ethylalkohol auf.

Egal, für welches Produkt man sich entscheidet, die Grundierung wird per Rolle oder Pinsel überall dort aufgestrichen, wo später Farbe aufgetragen werden soll.

WINSOR & NEWTON
Artisan
WATER MIXABLE
OIL COLOUR
Titanium White
Series 1
AKADEMIE
Acryl color
Titanweiß
titanium white
blanc de titane
blanco titanio
bianco di titanio
Schmincke
Dispose of empty only
Vider avant élimination

Streichtechniken

Natürlich kann man ein Möbelstück einfach „nur" streichen, d.h. die Farbe akkurat und gleichmäßig in einem Ton auftragen. Das erfordert vielleicht ein wenig Übung, aber das Ergebnis ist wunderschön. Man kann versuchen, ganz ohne Pinselstriche zu streichen für ein glattes Finish, man kann sich aber auch für den Shabby-Chic-Stil mit einer etwas rustikaleren Optik und vielleicht dem einen oder anderen gewollten Farbabplatzer entscheiden.
Möchte man noch ein wenig kreativer werden, stehen viele verschiedene Techniken, mit der Farbe zu spielen, zur Verfügung. Es gibt kein Richtig und kein Falsch, es gibt nicht **die** Technik, die dir ein ganz bestimmtes Ergebnis garantiert. Viele Wege führen zum Ziel. Probiere dich aus, entdecke Neues oder finde deinen ganz eigenen Stil. Alles ist erlaubt! Gerade mit Kreidefarbe gibt es so viele Möglichkeiten, unterschiedliche Looks zu kreieren.
Ich möchte dir im Folgenden nur ein paar Anregungen und eine Art Grundstock an möglichen Techniken an die Hand geben. Und dann heißt es üben, üben, üben!

Wie soll dein Möbelstück aussehen? Finde deinen Stil!

ALLGEMEINE TIPPS

Grundsätzlich schlage ich vor, beim Streichen eines Möbelstücks zuerst die Innenräume zu bearbeiten. Dann sind die Unterseiten an der Reihe, auch wenn man zunächst keinen Sinn darin sieht. Aber spätestens wenn du das Möbelstück einmal transportieren musst, fallen dir diese Stellen auf. Dreh dazu das Möbelstück um. Erst danach widmest du dich dem Rest des Stücks.
Falls du Lust hast, baue Türen und Klappen aus. Nimm die Schubladen heraus. Die Farbe kann später in Ruhe trocknen und du gelangst auch an versteckte Stellen.
Noch ein Tipp für das Streichen von Schubladen oder Türen. Auch wenn man sehr dünne Schichten Farbe streicht, trägt die Farbe immer ein wenig auf. Das bedeutet, dass später Türen und Schubladen beim Schließen anstoßen können und die Farbe hier wieder aufreißt. Dem beugst du vor, indem du vorher genau diese Anstoßkanten ein klein wenig herunterschleifst.

PINSELSTRICHE

Ein Wort zu Pinselstrichen. Soll man sie vermeiden oder nicht? Das hängt natürlich ganz vom Stil ab, den man erreichen möchte. Ein Möbelstück im typischen Shabby-Chic-Look darf gerne unperfekt sein, mit kleinen Ecken und Kanten sowie dem einen oder anderen Makel. Es gibt Unebenheiten und man sieht Pinselstriche. Vielleicht betont man die Pinselstriche beim Versiegeln sogar mit einem dunklen Wachs?

Ein schlicht gestrichenes Möbelstück ganz ohne Pinselstriche.

Aber vielleicht möchte man ein Möbelstück mit einer ganz glatten Oberfläche, ohne sichtbare Pinselstriche, mit einem nahezu perfekten Finish. Wie funktioniert das? Eine Farbrolle produziert zwar keine Pinselstriche, trotzdem aber ihre ganz eigene Optik. Wer daher lieber mit dem Pinsel arbeitet und dennoch auf ein glattes Endergebnis wert legt, probiert einen der folgenden Tricks.

Wichtig ist die Auswahl der Farbart. Kreidefarbe hinterlässt automatisch mehr Pinselstriche, weil sie schnell trocknet. Die Trocknungszeit macht den Unterschied! Denn je langsamer eine Farbe trocknet, umso mehr Zeit hat die Farbe, ineinander zu verfließen, Pinselstriche zu verschließen und somit die Oberfläche zu glätten. Aber auch die Kreidefarben verschiedener Hersteller unterscheiden sich oft in der Trocknungszeit. Für Acrylfarben gibt es Extender, um die sogenannte Offenzeit der Farbe zu verlängern.

Einen weiteren Unterschied macht die Wahl des Pinsels. Pinsel mit Naturborsten nehmen mehr Farbe auf

und verteilen sie gröber. Wähle für ein möglichst glattes Finish einen Pinsel mit relativ langen, feinen Synthetikborsten.
Wichtig beim Arbeiten ist es zudem, den Pinsel nicht mit Druck aufzusetzen, nur leicht zu streichen und die Borsten nur zu ca. ⅓ ihrer Länge einzutauchen. Trage lieber mehrere dünne Schichten auf als wenige dicke! Benutze wenig Farbe, tauche den Pinsel aber trotzdem oft genug ein, denn wenn keine Farbe mehr auf den Borsten ist, beginnt man, die Farbe „langzuziehen" und so bildet sich die Struktur ab.
Vermeide mit dem Pinsel bereits gestrichene Flächen. Die Farbe reißt sonst wieder auf und auch so entstehen Striche. Ein weiterer Tipp ist ein feiner Zwischenschliff. Nach jeder Farbschicht nach dem Trocknen mit einem feinen Schleifpapier (320er) noch einmal zwischenschleifen. Auch die Arbeit mit einer Sprühflasche mit feinem Wassernebel kann helfen. Vor dem letzten Pinselstrich fein aufsprühen und den Pinsel noch einmal ohne Unterbrechung über die gesamte Länge ziehen.

STREIFEN AUFBRINGEN

Wenn du ein Streifenmuster malen möchtest und dabei mit Tape arbeitest, gibt es ein paar Dinge zu beachten. Damit dein Ergebnis gerade ausgerichtet ist, beginne mit dem Abkleben immer von der Mitte aus. Wenn du also ein Möbelstück mit vertikalen Streifen verzieren möchtest, dann fange mit dem Abkleben in der Mitte an und arbeite dich zu den Seiten vor. Wenn die Streifen auch über die Front der Schubladen mitlaufen sollen, lasse diese eingesetzt. Sonst kann es passieren, dass die Streifen später verschoben sind. Malst du dein Muster auf bereits gestrichene Flächen, benutze unbedingt ein Tape für empfindliche Oberflächen. Sonst ziehst du die Farbe wieder mit ab. Die Farbe wird immer vertikal zum Tape aufgebracht, sonst läuft sie unter das Band.

SHABBY CHIC

Immer wieder hört man vom Shabby Chic. Aber was ist das eigentlich? „Shabby" ist Englisch und bedeutet *alt, heruntergekommen*, und „Chic" heißt *schick*. Eine Art schäbiger Chic also, schöne in die Jahre gekommene Möbel mit sichtbaren Gebrauchsspuren. Charakteristisch für den Stil ist abgeplatzter Lack, und die Farbpalette besteht oftmals aus matten Pastelltönen. Um diese Abnutzungsspuren zu erzeugen, gibt es verschiedene Techniken. Man legt mehrere Farbschichten übereinander und lässt die Farbe so abblättern, dass die darunterliegende Schicht sichtbar wird. Im Grunde müsste man also einfach zwei Farbschichten auftragen und die obere wieder abnehmen.

Streifen aufzubringen erfordert etwas Sorgfalt.

Kommode gestrichen im Shabby-Chic-Stil

Möbelstück mit dezenten Shabby-Chic-Spuren

Mit Wachs kann man ein Resist auftragen und so den Shabby-Chic-Stil einfach erhalten.

Mit Kreidefarbe lässt sich der typische Look ganz wunderbar erzeugen. Um das Abblättern noch einfacher zu erreichen, arbeitet man zwischen den Farbschichten mit einem sogenannten „Resist", also einer Schicht, die das Abtragen der nächsten erleichtert. Das kann ein Wachs sein, etwa von einem Teelicht oder Vaseline. Etwas, auf dem sich die folgende Farbe nicht hält. So kann sie ganz einfach an diesen ausgewählten Stellen wieder abgenommen oder abgeschliffen werden. Je mehr Farben man dabei übereinander streicht, umso mehr Schichten kann man zutage treten lassen. Natürlich kannst du auch ein

Shabby-Chic-Spuren können mit unterschiedlichen Techniken geschaffen werden.

Wet-Distress-Technik

Möbelstück nur einmal streichen und so mit dem Teelicht als Resist dann das Originalholz zum Vorschein bringen.

TIPP: Die Shabby-Chic-Stellen sollten so gewählt sein, dass sie den normalen Gebrauchsspuren entsprechen. Ein Möbelstück bekommt Risse und Farbplatzer am ehesten an den Beinen, an den Rändern, der Deck- oder Tischplatte und an den Kanten. Übertreibe den Look nicht, es kann ganz schnell auch unnatürlich aussehen!

Auch mit Acrylfarbe lässt sich dieser Stil erreichen. Am besten benutzt du dazu ein feuchtes Tuch oder einen Spachtel. Nachdem die Farbe leicht angetrocknet ist, kannst du sie damit ganz einfach an ausgewählten Stellen wieder abnehmen. Auch hier vereinfacht ein Wachs unter der Farbschicht den Vorgang. Milk Paint ist für diesen Stil ganz hervorragend geeignet. Denn sie blättert von ganz alleine ab! Man kann auch hier mit dem Teelicht ein Resist aufbauen, aber oftmals löst sich die Farbe an Stellen, wo man es nicht unbedingt erwartet. Ein toller Effekt! Mehr dazu im Kapitel **Farbarten** (s. Seite 10 ff.).

WET-DISTRESS-TECHNIK

Auch mit Schleifpapier lässt sich die letzte Farbschicht wieder abnehmen. Staubfrei und mit etwas anderem Effekt geht es, wenn man die oberste Schicht mit einem feuchten Tuch wieder abnimmt. Hat man Kreidefarbe verwendet, sollte diese noch nicht ganz durchgetrocknet sein. Ich mache diesen Schritt meist ungefähr 10 Minuten, nachdem ich fertig gestrichen habe. Du kannst ein normales Baumwolltuch benutzen, einen einfachen Spüllappen oder, wenn die Spuren etwas stärker sein sollen, auch einen Abraxasschwamm oder einen feinen Schleifschwamm. Arbeite dich dabei vorsichtig vor. Auch für Shabby-Spuren mit Fusion Mineral Paint eignet sich

Blending-Technik auf einem antiken Beistelltisch

Bei der Dry-Brush-Technik ist der Pinsel fast trocken.

diese Methode sehr gut. Hier lasse ich die Farbe etwa 15 Minuten trocknen, bevor ich die Gebrauchtspuren mit einem feuchten Tuch herausarbeite.

DRY-BRUSH-TECHNIK

Diese Technik sorgt für einen interessanten gealterten Look. Wenn das Möbelstück fertig gestrichen ist, bringt man mit einem trockenen Pinsel sehr, sehr wenig Farbe (möglichst an einem Küchenpapier abtupfen) auf die Oberfläche auf. Federleichte Spuren, die ebenfalls für einen tollen Used-Look sorgen.

Farben übereinander legen mit der Layering Technik.

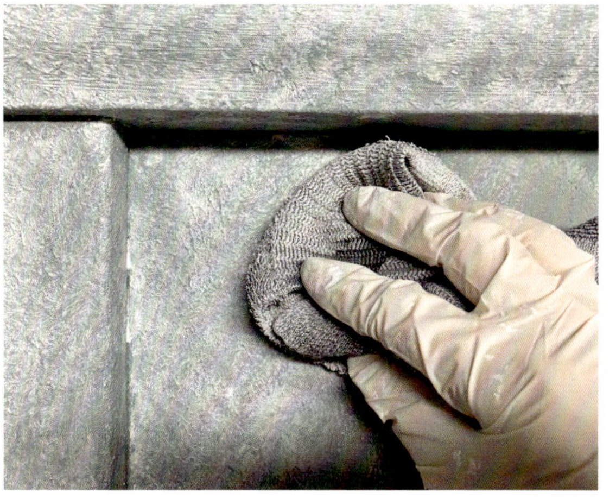

Farbwash-Technik

LAYERING-TECHNIK

Layering bedeutet nichts anderes, als Farbschichten übereinander zu legen. Baue Schichten mit verschiedenen Methoden auf, um später durch Schleifen oder Wet Distress untere Farben wieder sichtbar zu machen. Stupfe Farbe auf ausgewählte Stellen, arbeite mit Strukturpulver, nutze eine Sprühflasche, um Farben ineinander verlaufen zu lassen, oder arbeite mit einem Farbwash – probiere dich einfach aus. Indem man unterschiedliche Farbschichten übereinander setzt, erhält man Struktur und Tiefe.

BLENDING-TECHNIK

Blending von Farben, also das Ineinanderfließen verschiedener Farbtöne, erfordert ein bisschen Übung. Auch hier gibt es mehrere Möglichkeiten, diesen Look zu erzielen. Je nach Geschmack kann man versuchen, die Farben so korrekt ineinander verlaufen zu lassen (verblenden), dass man überhaupt keinen Übergang erkennt. Aber auch, wenn Abstufungen zu sehen sind, kann dies ein interessantes Ergebnis liefern. Einfacher lassen sich übrigens Farben verblenden, die einander ähnlich sind. Zwei sehr unterschiedliche Töne miteinander zu verblenden, kann sehr schwierig sein. Bevor du ein ganzes Möbelstück mit der Blending-Technik streichst, solltest du unbedingt vorher ein Übungsbrett gestalten, um dich ein bisschen auszuprobieren. Hilfreich beim Blending ist es, für jede verwendete Farbe einen eigenen Pinsel zu benutzen. Streiche zunächst eine Farbe, dann daneben, noch ohne jegliche Überblendung, mit einem neuen Pinsel die zweite. Gehe jetzt mit dem ersten Pinsel zurück zur ersten Farbe und feuchte alles noch einmal mit einer Sprühflasche mit einem feinen Wassernebel an. Arbeite die Farbe jetzt mit federleichten Bewegungen in die zweite Farbe ein. Mit dem Pinsel der anderen Farbe machst du umgekehrt dasselbe. Die Farben sollten immer feucht gehalten werden, um sie hin und her „bewegen" zu können. Zugegebenermaßen keine einfache Technik – aber eine tolle Optik, wenn sie gelingt!

FARBWASH-TECHNIK

Bei einem Farbwash trägt man eine mit Wasser (Verhältnis 3:2) verdünnte zweite Farbschicht über die erste. Diese „Lasur" wird mit einem feuchten Tuch verrieben, als würde man das Möbelstück „waschen". Sie kann auch mit einem trockenen Tuch vertupft werden, je nachdem, welcher Effekt dir am besten gefällt. In beiden Fällen wird die zweite Farbschicht sehr dünn, fast transparent, über die erste gelegt. Der Überschuss wird dabei wieder abgenommen.
Auch hier gibt es natürlich kein Richtig und kein Falsch. Spiel mit der Farbe! Lege verschiedene Schichten übereinander, verreibe sie auch mal unregelmäßig. Schön sieht dieser Look auch aus, wenn die untere Farbe bereits eine gewisse Struktur hat, durch

White-Wash-Technik auf einer alten Kommode

Farbwash-Technik

ein Strukturpulver oder Pinselstriche beispielsweise. Das Farbwash setzt sich so wunderbar in die Vertiefungen. Mit einem Farbwash in Weiß erhält man eine Art Beachlook, denn auf rohem Holz aufgetragen wirkt es wie Treibholz.

KRAKELIEREN

Krakelier- oder Reißlack ist eine Flüssigkeit, welche die folgende Farbe aufreißen lässt. Es entsteht eine Optik, die an alte Ölgemälde erinnert. Risse in der Farbe, Sprünge, eine fast mosaikförmige Anmutung: Ein toller Effekt, auch für alte Möbel! Das Prinzip dabei ist immer gleich: Eine Grundfarbe wird aufgetragen, nach dem Trocknen folgt das Krakeliermedium und wieder nach dem Trocknen die zweite Farbschicht.

Strukturpulver für den verwitterten Look

Ein Krakelierlack lässt die folgende Farbe reissen.

Diese bildet sofort Risse und Sprünge. Es gibt verschiedene Anbieter für Krakelierlack, im Bastelladen wird man fündig und auch bei den jeweiligen Farbanbietern.

STRUKTURPULVER

Strukturpulver sind Zusätze in Pulverform, die man Kreide- oder Acrylfarbe beimischen kann. Man bekommt sie bei den Farbherstellern direkt oder auch im Künstlerbedarf. Die Farbe wird durch Beimischung des Pulvers dicker und erhält beim Streichen eine Struktur. Folgende Farbschichten oder ein Wachs setzen sich dekorativ in die Vertiefungen.
Streicht man hinterher mit einer Kontrastfarbe und schleift diese an, kommt die untere Farbe mit einer

Strukturpulver gibt es von diversen Herstellern oder im Künstlerbedarf.

Spannende Optik mit Pinselstrichen

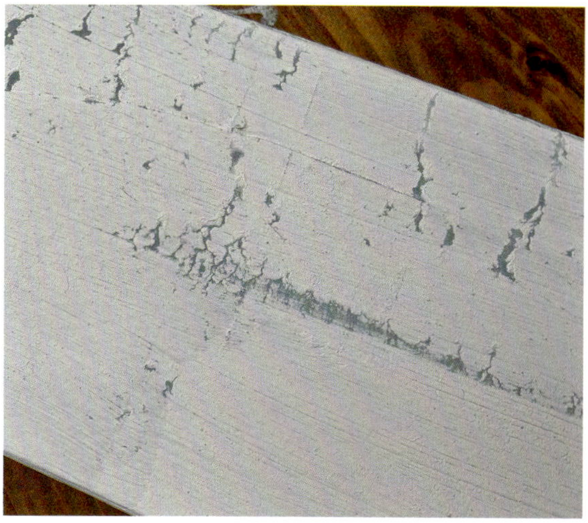

Durch Aufsprühen eines Wasser-Essig-Gemisches lassen sich interessante Effekte erzielen.

spannenden Optik zum Vorschein, sie wirkt wie eine verwitterte Oberfläche, es ergibt sich fast eine Art Beachlook. Man kann sich auch sein eigenes Pulver anmischen. Dazu gibt es unterschiedliche Rezepte. Ich habe ein brauchbares Pulver herstellen können aus Meersalz, Gips und Wasser. Aber zugegebenermaßen funktioniert das Original besser.
Eine weitere Möglichkeit, Struktur zu schaffen, ist, die Kreidefarbe direkt beim Streichen mit einem Föhn zu trocknen. Die Farbe wird dabei trocken und rissig.

CRISS-CROSS-TECHNIK

Einen interessanten Look erhält man, wenn man unterschiedliche Farbschichten mit einem breiten Pinsel mit wenig Farbe und federleichten Bewegungen in waagerechten und senkrechten Strichen immer wieder übereinander aufträgt. Criss Cross, eine Schicht nach der anderen, Farben wechseln. Ausprobieren!

ESSIG

Möchte man einen Look erreichen, der sehr shabby, fast schon „grungy" wirkt, kann man mit Essig spielen. Ein Wasser-Essig-Gemisch in eine Sprühflasche füllen und damit auf die frisch gestrichene Fläche sprühen. Das Essig spaltet die Farbe auf und lässt sie in Mustern zerlaufen. Auch ein schöner Effekt!

KLEINE FEHLER BEHEBEN

KLEBEBAND ENTFERNEN VERGESSEN

Wenn du vergessen hast, das Klebeband im feuchten Zustand abzuziehen, kannst du es mit einem Cuttermesser vorsichtig von der Farbe trennen. Sonst kann es passieren, dass du beim Entfernen die Farbschicht mit abnimmst!

FARBNASEN

Farbnasen entstehen, wenn du zu viel Farbe verwendet hast. Sie lassen sich kaum plan schleifen, da man meist die umliegende Farbe, manchmal die Grundierung und sogar das unterliegende Holz mit wegschleift. Am besten benutzt du ein Cuttermesser und schneidest die Farbnase vorsichtig Schicht für Schicht weg. Dann schleifst du sie am Ende noch einmal glatt und überstreichst die Stelle.

Pasta Zinci
Acid. boric.
3%
Ungt.
Ichthyoli
20%
Ungt.
Acid. boric

Improvisation ist alles.

***

Oberflächen imitieren

Mit Kreidefarbe & Co. lassen sich Oberflächen täuschend echt imitieren. Du möchtest einen verrosteten Schrank, aber ohne die Gefahr echten Rostes? Du möchtest eine federleichte Kommode – mit Marmorplatte? Eine Steinvase (aus Plastik) für den Garten? Nichts leichter als das!

Täuschend echter Rost, mit Kreidefarbe gemalt.

ROST

Wer wie ich den Industrial Style mag, wird sich freuen: Mit Kreidefarbe kann man Rost täuschend echt imitieren. Der Trick ist, möglichst viele verschiedene Schichten Farbe übereinander zu stupfen, nicht streichen. So arbeitet man sich von Schicht zu Schicht vor und das Ganze wirkt nach einer Weile wie echter Rost. Beginne mit der Grundfarbe, die dein Gegenstand später haben soll. Du möchtest beispielsweise einen Holzkasten so streichen, dass er später aussieht wie ein verrosteter, schwarzer Metallkasten. Du streichst den Kasten also erst einmal schwarz. Im nächsten Schritt geht es um den Rost. Hierfür brauchst du Kreidefarbe in Dunkelrot, Braun und Orange. Starte damit, mit Dunkelrot die Stellen zu stupfen, an denen später der „Rost" sitzen soll.

Stupfen, nicht streichen, ist hier das Zauberwort. Nimm einen dicken Rundpinsel, mit dem du die Farbe punktweise aufstupfst. Nur dort, wo sich normalerweise Rost bilden würde. An den Rändern, rund um das Schloss vielleicht, oben auf dem Deckel. Im nächsten Schritt gehst du mit brauner Farbe noch einmal über die gleichen Stellen, lässt vielleicht hier und da ein wenig Rot hervorschauen, dann in der nächsten Runde vorsichtig mit Orange. Mit der schwarzen Grundfarbe kannst du immer wieder korrigieren, bis der Effekt erreicht ist, den du dir vorstellst. Wenn du es noch perfektionieren möchtest, arbeite mit einer Sprühflasche mit Wasser. Verdünne etwas Orange mit Wasser, stupfe dieses auf ausgewählte Stellen und sprühe von oben mit der Sprühflasche einen Hauch Wasser auf, so dass die Farbe nach unten hin verläuft. Stell dir vor, wie es aussieht, wenn Metall lange im Regen steht – würde nicht auch der Rost langsam nach unten auswaschen? Wird es zu viel, kannst du mit dem Küchentuch abtupfen oder mit der Grundfarbe korrigieren.

Im Handel erhältliche Rosterzeuger

Auch Zink kann man mit Kreidefarbe imitieren.

Im Handel gibt es auch Produkte, die echten Rost hervorrufen. Sie bestehen aus einem eisenhaltigen Grundmedium und einer Oxidationsflüssigkeit, die nacheinander aufgetragen werden. Möchte man echten Rost auf sein Projekt aufbringen, ist dies eine gute, wenn auch eher kostspielige Möglichkeit. Nachteil ist, dass das Ergebnis nicht unbedingt vorhersehbar ist.

ZINK

Zink zu imitieren verläuft ganz ähnlich wie die Rostmethode. Die Grundfarbe für diesen Look kann ein metallisches Silber sein, das du dir ganz einfach aus Silber und ein wenig Schwarz anmischen kannst. Den Gegenstand erst einmal damit grundieren und dann wie bei der Rostmethode auch mit verschiedenen Farben einen Zink-Look schaffen. Statt der Rostfarben Rot, Braun und Orange würde ich hier Schwarz, Hellgrau und Dunkelgrün empfehlen. Bei meiner Papiertonne habe ich zusätzlich einen verrosteten Rand eingearbeitet.

MARMOR

Marmor-Look zu imitieren erfordert ein bisschen mehr Übung. Probiere dich erst einmal auf einem Probebrett aus, denn diese Technik will geübt sein. Nimm dir ein Bild von echtem Marmor zur Hand, um den richtigen Look abzuschauen. Es gibt verschiedene Möglichkeiten der Imitation, dies ist nur ein Vorschlag. Zunächst wird deine Oberfläche zweimal mit weißer Kreidefarbe gestrichen. Gut trocknen lassen. Im nächsten Schritt stupfst du mit einem Schwamm oder Lappen und hellgrauer, wasserverdünnter Farbe eine gemusterte Oberfläche auf. Wieder trocknen lassen.
Nun zeichnest du mit einem sehr feinen Pinsel und schwarzer oder dunkelgrauer Kreidefarbe, die du mit wenig Wasser verdünnst, zarte marmorierte Linien auf. Dabei den Pinsel ruhig drehen und auch mal rückwärts „fahren". Nach jeder Linie mit einem trockenen Lappen kurz die überschüssige Farbe abtupfen, dann mit einem dicken Rundpinsel die Linie zu beiden Seiten nach außen hin verstreichen und verblenden. Mit jeder Linie so verfahren. Alternativ kannst du auch einen Schwamm nehmen und damit auf jede Linie vorsichtig aufdrücken.

Zarte Linien lassen sich mit einem feinen Pinsel am besten malen.

Ein dicker Rundpinsel ist geeignet zum Verwischen der Linien.

Marmorlook mit Kreidefarbe

Probier, was für dich am besten funktioniert. Wenn die Linien am Ende zu dunkel wirken, kannst du über das Ganze noch ein Wash mit weißer Kreidefarbe legen: Weiße Kreidefarbe mit Wasser mischen, einmal überstreichen und sofort mit einem Tuch vorsichtig abtupfen. So legt man eine zusätzliche dünne Schicht Farbe über die Marmorvenen und sie erscheinen nicht mehr so stark. Am Schluss mit klarem Wachs versiegeln.

STEIN

Auch die Steinoptik basiert darauf, die Farbe in mehreren Schichten stupfend aufzutragen. Grundfarbe ist ein Beige, das mit Schwarz, Grün oder vielleicht Blau und Grau ergänzt wird. Ein Strukturpulver wie zum Beispiel Saltwash sorgt für Struktur und ein Wash mit Weiß bringt den Look von altem, verwittertem Stein.

Steinoptik selber machen.

Geduld.

Das Wichtigste beim Möbelstreichen ist, Geduld zu haben.

✱✱✱

organic
ARABICA COFFEE
3
01
0237
80
KG
NET
GP

Dekorative Techniken

Ein Möbelstück sieht wunderschön aus, wenn es aufgearbeitet und gestrichen ist. Aber ganz besonders wird es, wenn es zusätzlich liebevolle kleine Details aufweist. Wenn zum Beispiel auch das Holz im Inneren schön aufgearbeitet, gestrichen oder mit einem tollen Papier gestaltet ist. Wenn die Schubladen-Seiten schabloniert sind. Wenn die Türen von Schränken mit einem Stoff belegt sind, oder wenn mit Stempel oder Tapete gearbeitet wurde. Diese kleinen Details machen den Unterschied und zeigen die Liebe, die du in dein Möbelstück gesteckt hast.

Interessante Oberflächenstruktur durch eine aufgeklebte und gestrichene Tapete.

TAPETE, PAPIER & CO

Ein toller Effekt ist es, wenn man die innere Rückwand eines Schranks, eine Tür, die Deckplatte eines Möbelstücks oder auch das Innere einer Schublade mit einem Papier oder einer schönen Tapete verziert. Das funktioniert auch wunderbar mit Stoff. Dazu wird das Material exakt in Form geschnitten und mithilfe eines Klebers befestigt. Auch die Oberseite des Papiers oder der Tapete kann dabei noch einmal mit einer extra Lackschicht geschützt werden.

Als Tapete eignen sich solche aus Vlies am besten, denn sie sind fester, werden nicht vom Kleber durchfeuchtet und lassen sich einfacher handhaben. Dabei verwendet man am besten einen speziellen Vliestapeten-Kleister. Papier (Geschenkpapier, Kraftpapier) klebe ich am liebsten mit Sprühkleber oder einer „Art Potch" (einem Kleber für die Serviettentechnik aus dem Bastelladen). Für die Versiegelung nutze ich gerne den passenden Lack. Stoff schneidet man mit einer Stoffschere oder einem Stoff-Rollmesser zu und klebt ihn am einfachsten mit Sprühkleber oder einem speziellen Stoffkleber auf.

Eine weitere Möglichkeit sind Möbelfolien, die man wie einen Aufkleber aufbringen kann.

Eine Schublade mit einem Papier auszulegen ist einfach, wenn sie viereckig ist. Etwas schwieriger wird es, wenn die Schublade eine Rundung aufweist. Aber hier gibt es einen einfachen Trick. Übertrage zunächst die geraden Kanten der Schublade auf dein Papier, den Teil mit der Rundung sparst du vorerst aus. Dann legst du das Papier soweit passend in die Schublade. Die Kante mit der Rundung passt noch nicht, aber du kannst nun ganz einfach mit dem Fingernagel einen

Mit Papier oder Tapete ausgelegte Schubladen sind ein besonderer Hingucker.

Découpage Papiere sind aus hauchdünnem Material.

Schablonen gibt es von vielen Herstellern.

Kniff in das Papier drücken. Dieser wird dann mit der Schere nachgeschnitten und das Papier passt perfekt. Eine gute Bezugsquelle für Hunderte von individuellen Designs ist www.spoonflower.de. Hier findet man Stoffe und Tapeten von Designern aus aller Welt. Tapeten gibt es auch im Handel, im Baumarkt oder online. Bedrucktes Papier bekommt man im Bastelbedarf, der Papeterie und natürlich auch online. Ich finde hübsches und festeres Geschenkpapier auch oft im Buchladen in einzelnen Bögen.

Ein besonderes Highlight sind schablonierte oder beklebte Schubladenseiten.

Schöne Akzente mit Schablone

DÉCOUPAGE

Bei dieser Technik schneidet man ein spezielles Découpage-Papier oder die oberste Schicht einer Serviette zu, feuchtet sie mit Wasser oder einem Découpage-Kleber an (Produktinformation lesen), platziert sie auf dem staub- und fettfreien Untergrund und fixiert sie dann noch einmal von oben mit dem Kleber oder einem passenden Lack. Hier kann man Produkte aus dem Bastelbedarf nutzen, wie zum Beispiel Art Potch oder Mod Podge. Besonders schön sieht es aus, wenn das Motiv in den Hintergrund eingebettet ist, der Hintergrund also mit ähnlichen Farben gestaltet ist wie das Motiv. So wirkt es ganz natürlich, und kann je nach Motiv sogar wie handgemalt aussehen. Découpagepapiere oder schöne Servietten bekommt man im Einzelhandel, im Bastelladen oder auch online. Auch die Farbhersteller bieten besondere Découpagepapiere und Kleber verschiedener Hersteller.

SCHABLONE

Die Verwendung einer Schablone bietet vielerlei kreative Möglichkeiten, einem Möbelstück noch ein gewisses Extra zu verleihen. Ein Schriftzug auf einer Tür, ein Bild auf der Deckplatte, ein paar Zahlen auf den Schubladen, hier kann man sich wirklich austoben. Ein paar Dinge gilt es bei der Verwendung einer Schablone zu beachten. Damit sie nicht verrutscht, sollte sie mit einem Stück Klebeband fixiert werden. Zum Schablonieren sind Pinsel mit flachen kurzen Borsten gut geeignet. Man kann sie im Handel als Schablonierpinsel kaufen.

Bei größeren Motiven ist eine Rolle hilfreich, auch ein kleiner Schwamm funktioniert. Wichtig ist in jedem Fall, möglichst wenig Farbe zu benutzen! Am besten tupft man sie nach dem Aufnehmen noch einmal am Küchenkrepp ab. Wenn du mit einer Rolle arbeitest, gehe mit dieser vorab noch einmal über ein Stück Pappe. So stellst du sicher, dass keine Farbe unter den Rand der Schablone läuft und das Motiv verwischt. Besser zwei dünne Schichten Farbe aufbringen als eine dicke. Nachdem die Farbe aufgebracht ist, die Schablone vorsichtig nach oben hin abziehen. Am besten wäscht man die Schablone dann direkt ab, hier reicht meist warmes Wasser, notfalls ein bisschen Spüli.

Benutzt man statt normaler Farbe ein Gemisch aus Farbe und einem Strukturpulver oder eine spezielle Paste, lässt sich ein toller Effekt erzielen: Durch die angedickte Farbe steht das Motiv hervor (raised stencil) und lässt sich später wunderbar betonen. Hierzu benötigt man aber eine etwas festere Schablone, keine allzu dünne.

Beim Schablonieren auf Stoffen kann man Stofffarbe benutzen, aber auch Kreidefarbe oder Fusion Mineral

Ein Schablonenmuster lässt sich am besten mit einem Schablonierpinsel auftragen.

Paint eignen sich. Die Haltbarkeit ist beim Waschen allerdings etwas schlechter, Kreidefarbe und Fusion Mineral Paint sollte man im Handwaschprogramm bei maximal 30 °C waschen, Stofffarbe hingegen hält bis zu 40 °C Normalprogramm aus. Bedenke, dass gerade Kreidefarbe auf Stoffen eine etwas steifere Haptik erzeugt als Stofffarbe. Mehr dazu auch im Kapitel **Stoff streichen** (s. Seite 92).

FARBIGES WACHS

Wachs ist nicht nur zur Versiegelung geeignet, sondern auch für dekorative Effekte. Die Verwendung von dunklem Wachs lässt ein Möbelstück herrlich altern, denn der Farbton ändert sich und das Stück sieht alt und gebraucht aus. Wenn du mit dunklem Wachs arbeitest, gibt es ein paar kleine Tricks. Denn wenn man das dunkle Wachs direkt auf die Farbe aufträgt, verfärbt es diese sofort. Es ist dann kaum mehr zu korrigieren, man kann den dunklen Ton fast nicht mehr abschwächen.

Ein Trick ist es daher, vorher klares Wachs zu benutzen. Es bildet sozusagen eine Schutzschicht, bevor das dunkle Wachs eingesetzt wird. Dieses kann dann auf dem Klaren „bewegt" werden und ist so leichter zu dosieren. Man kann einfacher nachjustieren. Hat man das Gefühl, zu viel dunkles Wachs eingesetzt zu haben, „radiert" man es mit klarem einfach wieder aus. Auf diese Weise lässt sich das dunkle Wachs viel gezielter einsetzen, als es ohne Zwischenschicht möglich wäre.

Arbeite bei dieser Technik immer in kleinen Sektionen! Eine nach der anderen. Wenn du dunkles Wachs benutzen möchtest, kannst du das ganze Möbelstück damit behandeln oder du nimmst dir zum Beispiel nur die Ecken und Kanten vor. Betonst du Verzierungen oder Ornamente damit, geben sie dem Möbelstück eine gewisse Tiefe.

Wachs gibt es in verschiedenen Farben. Neben klarem und braunem Wachs gibt es Schwarz, Grau, Weiß und noch vieles mehr. Mit ein bisschen Kreidefarbe und einem klarem, wasserbasierten Wachs kann man sich seinen eigenen Farbton übrigens ganz einfach

Wachs in verschiedenen Farben schützt dein Möbelstück.

Akzente setzen mit dunklem Wachs.

Dekorative Wachse für besondere Highlights

selber anmischen. Dazu benutzt man ungefähr ein Mischungsverhältnis von 60:40 Farbe:Wachs. Probiere dich ein bisschen aus. Beim Auftragen am besten genauso vorgehen wie beim dunklen Wachs: erst klares Wachs, dann das gefärbte.

Neben normalem Wachs gibt es zahlreiche wachsähnliche Produkte, die für besondere Effekte genutzt werden können. Es gibt Glazes, Gilding Waxes oder Metallic Pastes. Die Hersteller lassen sich immer wieder Neues einfallen!

Auch Silikonstempel sind für dekorative Zwecke einsetzbar.

TRANSFER

Mehrere Farbhersteller haben sogenannte Transferfolien in ihrem Programm. Das sind Motive wie Bilder oder Schriften, die auf dünnen, transparenten Folien aufgebracht sind. Mit ihnen lassen sich Möbelstücke wunderschön verzieren und sie sind wirklich einfach anzuwenden.

Man zieht das Motiv von der Folie, legt es auf den Untergrund und mit einem mitgelieferten Holzspatel reibt man das Bild ganz einfach auf. Der Untergrund sollte dabei noch nicht versiegelt sein. Die Folie wird dann vorsichtig nach oben hin abgezogen. Das Ganze funktioniert ein bisschen wie ein Kinder-Tattoo. Wenn man ein schönes, großes Motiv aufgebracht hat, kann man den Rest des Möbelstücks in ähnlichen Farben gestalten, sodass der Übergang von Motiv zu Farbe fließend ist. Das Motiv wirkt dann ganz natürlich, wie aufgemalt! Versiegeln kann man die Transfers am besten mit einer Flüssigversiegelung oder Wachs, ein Öl ist nicht ratsam, da es den Kleber ablösen könnte.

STEMPEL

Ähnlich wie eine Schablone verleihen auch Stempel dem Möbelstück ein gewisses Extra. Sie sind aus Silikon gefertigt und werden ganz einfach mit Kreidefarbe oder Acrylfarbe bestrichen. Wahlweise kann man die Farbe auch mit einer kleinen Farbrolle aufbringen oder man nutzt ein Stempelkissen. Auf den Untergrund aufgedrückt funktionieren diese Silikonstempel genauso wie ein echter Stempel. Durch mehr oder weniger Farbe und mehr oder weniger Druck kann man die Intensität variieren und einen tollen, ausgeblichenen Shabby-Chic-Look erhalten.

Diese Stempel gibt es in verschiedenen Designs von unterschiedlichen Anbietern. Buchstaben, Bilder, Muster – die Auswahl ist einfach riesig!

Transferfolien gibt es von verschiedenen Herstellern.

Ornamente aus Holzmehl lassen sich einfach aufkleben.

DIY BILDTRANSFER

Für die einfachste Methode, ein Bild oder eine Schrift auf Holz zu bringen, brauchst du lediglich ein Bild aus dem Laserdrucker und Kleber. Wer keinen Laserdrucker hat, kann das Bild im Copy Shop ausdrucken lassen. Drucke deinen Schriftzug oder das Bild seitenverkehrt aus, sodass das Motiv also gespiegelt ist. Manche Vorlagen gibt es im Internet bereits fertig gespiegelt. Ich nutze ansonsten das Bildbearbeitungsprogramm Photoshop dafür, aber auch in Word gibt es eine entsprechende Möglichkeit.
Schneide das Motiv aus, wobei du an den Rändern einen kleinen Überstand von ca. 1 cm rundum lässt. Streiche mit einem Pinsel die Papiervorlage auf der spiegelverkehrt bedruckten Seite dünn mit Mod Podge, Foto Potch oder einem ähnlichem Kleber ein. Auch das Holz einstreichen. Jetzt das Papier umdrehen, auf das Holz legen und vorsichtig andrücken. Das spiegelverkehrte Bild liegt nun wieder richtig herum. Die Luftblasen sorgfältig glattstreichen. Nach dem Trocknen mit einer Sprühflasche die obere Papierschicht anfeuchten. Arbeite das Wasser mit den Fingern vorsichtig in das Papier ein, es muss eindringen. Dann mit einem Finger ganz behutsam die Oberfläche des Papieres abrubbeln. Es sollte sich in kleinen Röllchen lösen. Nachsprühen, wenn du das Gefühl hast, das Papier wird zu trocken.
Man hört immer wieder, dass nur ein Laserdrucker bei dieser Technik funktioniert. Ich habe mit meinem Tintenstrahldrucker aber auch gute Ergebnisse erzielt. Es gibt auch Spezialpapier zu kaufen, das man mit einem Laserdrucker bedruckt und mit einem Kleber aufbringt. Der Unterschied ist, dass man das Papier nach dem Trocknen nicht abrubbeln muss, sondern es löst sich im Ganzen. Das ist praktisch und einfach, aber natürlich ein bisschen kostenintensiver als die andere Methode.

MOULDS & WOODUBEND

Eigene Verzierungen für ein Möbelstück kann man mit sogenannten Moulds selbst herstellen. Moulds sind Kunststoff-Gießformen, die man mit einer Modelliermasse füllt. Alternativ kann man auch Gips anrühren, doch das Ergebnis ist sehr zerbrechlich. Die entstandenen Formen lassen sich auf Möbel- oder Dekorationsgegenstände ganz einfach aufkleben und man erhält einen sehr individuellen Look.
Tolle Holzornamente gibt es auch von der Firma WoodUbend. Ihr Vorteil: Die vorgeformten Stücke lassen sich nach Erwärmen mit einem Föhn oder einer Heißluftpistole biegen und können so sogar auf gerundete Oberflächen aufgeklebt werden. Die unzähligen vorgefertigten Formen gibt es als Reliefs, Ornamente, Bordüren, sogar kleine Schlüssellöcher finden sich im Sortiment.

TOME PRE
A LYON,
Chez PIERRE DUPLAIN
grande rue Merciere.
M. DCC. LXXIII.

Weniger ist oftmals mehr.

CHALK PAINT™ WAX–WHITE
for painted furniture and walls
Annie Sloan™
MADE IN USA
Eco Friendly
Dixie Belle
Paint Company
Best Dang Wax
Clear
10 oz 295 mL
Dixie Belle Paint Co. 813-909-1962
8019 Ridge Road, 34668, FL
Apply a small amount with lint-free cloth. Wait 15-20 minutes. Buff and enjoy!
Aplique una pequeña cantidad con un paño sin pelusa. Espera 15-20 minutos. Pulir y disfrutar!
Appliquez une petite quantité avec un chiffon non pelucheux. Attendez 15-20 minutes. Lustrez et profitez-en!
Antik-Wachs
miss mustard seed's
ANTIQUING WAX
CIRE ANTIQUAIRE
Net Contents: 7 oz. / 200g
"Move mountains in your home."
TRUSTED QUALITY SINCE 1921
RUST-OLEUM®
MÖBELWACHS
SCHÜTZT UND VEREDELT
ZUR VERWENDUNG AUF RUST-OLEUM MÖBELLACK
FARBLOS

Versiegelung

Dein bearbeitetes Möbelstück sollte ganz zum Schluss noch versiegelt werden. Nur so ist es gegen Abrieb, Schmutz und Wasser richtig gut geschützt.

VERSIEGELUNG VON ROHEM ODER GEBEIZTEM HOLZ

Wenn du Teile des Möbelstücks in reinem Holz (gebeizt oder nicht) belassen hast, ist es nach dem letzten Feinschliff bereit für die Versiegelung. Denk daran, deine Oberfläche noch einmal zu entstauben, bevor du mit der Versiegelung beginnst. Dafür eignen sich Staubbindetücher gut. Zur Versiegelung kannst du zwischen verschiedenen Methoden wählen.

KLARLACK

Ein Klarlack (wasser- oder lösemittelbasiert) ist für besonders beanspruchte Flächen geeignet. Der Lack versiegelt die Oberfläche und bietet den größten Schutz. Am besten trägt man zwei dünne Schichten mit einer Rolle auf. Zwischen beiden Schichten einen Zwischenschliff mit feinem Schleifpapier (320) durchführen.
Achtung: Wurde das Holz mit einer Wasserbeize behandelt, sollte hinterher vorsichtshalber ein lösemittelhaltiger Lack aufgetragen werden (und umgekehrt). Die wasserbasierte Beize kann nämlich unter Umständen in den Lack ausbluten und ihn verfärben. Ölbasierte Beizen brauchen nicht versiegelt zu werden. Am besten achtet man hier genau auf die Herstellerangabe auf dem Produkt.

WACHS

Ein Wachs zieht oberflächlich in das Holz ein, schließt die Holzporen und macht sie wasserabweisend.

Ein Öl feuert das Holz an, das dadurch dunkler wird.

Mit der Zeit härtet es aus. Es lässt sich mit Pinsel oder einem fusselfreien Tuch aufgetragen. Wachs trocknet eher stumpf aus, kann aber nach der Trocknung mit einem fusselfreien Baumwolltuch oder einer speziellen Bürste in Kreisbewegungen auf Glanz poliert werden.
Wählt man ein farbiges Wachs, zum Beispiel ein Antikwachs, unterstreicht es den Effekt von Beize.

HOLZÖL

Ein Holzöl betont den Holzcharakter, indem es die Holzmaserung hervorhebt. Öl dringt in das Holz ein und entfaltet dort seine Schutzwirkung. Da sich keine oberflächliche Schicht bildet, kann das Holz weiter „atmen". Vom Farbton wirkt es satter, wärmer und etwas dunkler. Ein Holzöl allein sieht zwar wunderschön aus, bildet aber leider keine starke Schutzschicht und

Ein Holzöl frischt das Holz auf und betont den Holzcharakter.

ist daher zumindest für beanspruchte Flächen nicht optimal.

Aufgetragen wird das Öl je nach Fläche mit Walze, Tuch oder Pinsel in dünnen Schichten entlang der Maserung. Nach der Einwirkzeit gemäß Herstellerangabe entfernt man den Öl-Überstand mit einem Tuch, damit der Untergrund nicht klebrig wird. Oftmals ist ein zweiter Auftrag nach Trockenzeit und erneutem feinem Schleifgang (320) nötig. Verschiedene Öle haben unterschiedliche Trocknungszeiten.

Wenn du eine Holzplatte ölst, zum Beispiel für einen Tisch oder eine Trittfläche, versuche möglichst, beidseitig zu ölen. Einseitig geölte Holzplatten verziehen sich nämlich manchmal.

Achtung: Geknüllte, ölgetränkte Lappen können sich durch Wärmeentwicklung selbst entzünden! Ich lege meine immer nach Gebrauch aufgefaltet in einen Metalleimer und lasse sie dort lufttrocknen. Willst du sie wieder verwenden, lege sie in ein Glas mit Schraubverschluss.

HARTWACHSÖL

Ein Hartwachsöl vereint die guten Eigenschaften von Öl und Wachs in einem. Wie der Name vermuten lässt, besteht es aus einem Gemisch aus Ölen, Trockenstoffen und Lösemitteln mit Wachsanteil. Es dringt tief in die Holzfasern ein, während das Wachs trotzdem eine dünne, leichte Schicht bildet. So schützt es vor Wasser und Flecken. Eine gebeizte Fläche erscheint satter und strahlender durch das Öl und wird durch das Wachs geschützt. Hartwachsöl sollte in zwei Schichten mit einem Pinsel aufgetragen werden. Anschließend soll es mit einem weichen Tuch gut einpoliert werden und muss dann trocknen. Erhältlich ist es in Naturfarben, aber auch in gefärbten Varianten.

VERSIEGELUNG VON GESTRICHENEM HOLZ

Die Versiegelung von gestrichenen Flächen hängt ganz davon ab, wie die spätere Beanspruchung sein wird, und auch davon, welche Optik dein Möbelstück erhalten soll. Ein herkömmlicher farbiger Lack benötigt keine weitere Versiegelung. Auch bei Acrylfarben ist es nicht zwingend nötig, es ist aber möglich. Kreidefarben und Milk Paint hingegen müssen versiegelt werden, da sie sehr anfällig sind. Es gibt wie beim rohen Holz auch hier unterschiedliche Methoden.

Ein Hartwachsöl bietet einen guten Schutz.

Flüssige Versiegelungen gibt es von vielen Herstellern.

Beim Wachsen bekommt die Farbe mehr Leuchtkraft.

Wachs lässt sich mit einer Wachsbürste polieren.

KLARLACK

Soll dein Streichobjekt später sehr beansprucht werden, wie zum Beispiel eine Treppe oder Deckplatte, kann man es mit einem Klarlack besonders gut schützen. Kreidefarbe und Milk Paint lassen sich damit gut versiegeln und auch Acrylfarben (auch Fusion Mineral Paint) bekommen eine Portion extra Schutz. Du kannst normalen Klarlack nutzen oder speziell entwickelte Lacke (oder „Top Coats") der Farbhersteller. Sie lassen sich ganz einfach mit dem normalen Streichpinsel oder einer Rolle auftragen. Je nach Wahl trocknen sie unsichtbar matt oder glänzend.

Hast du mit Milk Paint gestrichen und die Farbe an deinem Möbelstück ist stark abgeblättert, empfehle ich dir, diesen Look mit einer flüssigen Versiegelung zu konservieren. Sonst kann es passieren, dass die ab-

Ein Hanföl zieht wunderbar in das Holz ein.

Wunderschöne Holzoptik

geblätterten „Flakes“ sich weiter lösen. Mit einer flüssigen Versiegelung oder einem Lack siegelst du die Farbsplitter praktisch ein.

WACHS

Ein sehr schönes, authentisches und zugleich gut geschütztes Endergebnis erzielt man mit Möbelwachsen, die es auch in unterschiedlichen Farben gibt. Wachs eignet sich hervorragend zur Versiegelung von Kreidefarbe und Milk Paint. Bei Acrylfarben hat es eher einen dekorativen Effekt.

Wachse sollten dünn mit einem speziellen dicken Wachspinsel oder einem fusselfreien Baumwolltuch aufgetragen und kreisförmig in das Möbelstück eingerieben werden. Ein bis zwei dünne Schichten in einem Abstand von 24 Stunden reichen.

Nach weiteren 24 Stunden kann man das Wachs mit einem frischen Tuch oder einer speziellen Bürste auf Glanz polieren. Wenn du nur ab und zu Möbel streichst, lohnt sich die Investition in einen Wachspinsel sicher nicht. Möchtest du aber öfters oder professionell Möbel bearbeiten, ist es eine gute Anschaffung. Beachte, dass das Wachs erst nach ungefähr drei Wochen richtig durchgetrocknet und überstreichbar ist. Ein klares Wachs bringt Kreidefarbe ganz wunderbar zum Leuchten!

HOLZÖL

Für den authentischen Look kann man zur Versiegelung auch auf ein Holzöl zurückgreifen. Es gibt verschiedene Produkte aus beispielsweise Hanf- oder Tungöl (wasserfest), mit denen man ein ganz wunderschönes sattes und geschütztes Farbergebnis erzielt. Besonders Milk Paint ist mit einem Öl gut geschützt und bekommt eine wunderschöne Farbintensität. Auch Kreidefarbe lässt sich mit Öl versiegeln. Al-

Wachse lassen sich einfach mit einem Wachspinsel auftragen.

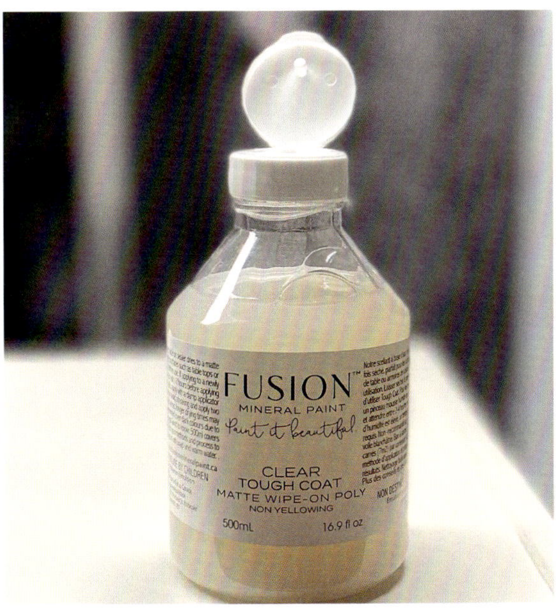

Flüssige Versiegelung der Marke Fusion Mineral Paint

lerdings kann es passieren, dass sich der Farbton beim Ölen leicht verändert. Bei Acrylfarbe wirkt ein Öl lediglich dekorativ.

Einige Kreidefarben werden mit integrierter Versiegelung angeboten. Painting the Past hat mit ihrem Kreidelack in Eggshell Qualität ein solches Produkt im Sortiment. Mehr dazu im Kapitel Indoor Projekte (s. Seite 95).

BALDWIN
6 FOOT POLE
PATHFINDER

Hardware

Ob man die alten Griffe oder Beschläge an einem Möbelstück behält oder austauscht, ist reine Geschmackssache. Oft passen sie ganz wunderbar zum Stil und sind so gut erhalten, dass es schade wäre, sie nicht weiter zu verwenden. Denk auch daran, dass Griffe und Knöpfe nicht ganz billig sind, ein Austausch kann dabei das Budget sehr schnell belasten.

AUSTAUSCH ODER WEITERVERWENDUNG?

Möchte man vorhandene Griffe entfernen, um neue anzubringen oder sie zu reinigen, stellt sich zuweilen das Problem, dass die alten Beschläge oft sehr kleine und alte Schrauben haben, die sich kaum lösen lassen, ohne Schaden zu nehmen. Ein Trick ist, die Schräubchen vorher ein wenig „einzuweichen". Das geht am besten mit einem Öl wie WD-40. Hinterher lassen sich die Schräubchen, die vielleicht schon festgerostet waren, leichter herausdrehen. Ich versuche meist, sie danach durch neue zu ersetzen. Glücklicherweise habe ich einen Laden der „alten Schule" um die Ecke, der alle Arten von Schrauben und Kleinmaterial führt.

Wenn all das nicht hilft und sich die Griffe nicht lösen lassen, klebt man sie vor dem Streichen am besten mit Klebeband ab. Möchte man sie hingegen mitstreichen, sollten sie vorher eine Grundierung erhalten, damit die Farbe gut haftet. Mit Gilding Wax kann man hier später sehr schöne Akzente setzen.

Auch ein künstliches Altern mit Kreidefarbe und Strukturpaste ist ganz einfach, oder man sprüht die Teile einfach an.

Um alte Beschläge oder Griffe zu reinigen, lässt man sie am besten 5 Minuten in einem Wasser-Essig-Gemisch (50/50) kochen. Hinterher kann man sie mit

Alte Griffe mit Wasser-Essig-Gemisch säubern.

feiner Stahlwolle (000) vorsichtig säubern. Wer sein Möbelstück lieber mit etwas moderneren Griffen mag, kann sich online nach Neuen umsehen. Etsy zum Beispiel bietet eine schöne Auswahl. Mit etwas Glück findet man vielleicht sogar einen stationären Handel in der Nähe.

Alte Schlüssel, Scharniere, Griffe usw. bewahre ich immer auf. So habe ich im Laufe der Zeit ein kleines Ersatzteillager angelegt, auf das ich zur Not zurückgreifen kann.

Stoff streichen

Oft taucht die Frage auf, ob man auch Stoff oder Polster streichen kann. Die Antwort lautet ja, aber man muss wissen, dass sich der Stoff haptisch verändert. Er wird nicht mehr so weich sein und fühlt sich nach dem Streichen ein wenig ledriger, fast ein bisschen steif an. Wenn man das Stück zur Deko nutzen möchte und ein neuer Bezug oder eine Neupolsterung nicht im Budget liegen, ist es jedoch durchaus eine Option. Vielleicht probiert man sich lieber nicht als Erstes am guten Erbstück aus.

Das Streichen von Polstern, Stoffen oder Kissen funktioniert mit Kreidefarbe und Fusion Mineral Paint. Leder und Vinyl lassen sich ohne Wasserverdünnung ganz einfach streichen. Je nach Größe des Objektes ist das Auftragen mittels Farbrolle vorteilhaft. Für alle anderen Stoffe wird die Farbe im ersten Schritt mit Wasser verdünnt, etwa im Verhältnis 1:1. Teste deine Farbe erst einmal an versteckter Stelle! Ist das Ergebnis so, wie du es dir vorstellst?

Beachte, dass jeder Stoff unterschiedlich reagiert. Einige nehmen die Farbe schnell auf, andere nicht. Achtung, man verbraucht eine Menge Farbe! Wer mag, schleift den Stoff zuerst leicht an. Sinnvoll ist das möglicherweise bei alten, festen Polsterstoffen, schaue einfach, ob sich der Stoff vorher rau anfühlt. Streiche die erste Schicht Farb-Wasser-Gemisch. Erscheint dir der Untergrund zu trocken, sprühst du mit einer Sprühflasche etwas Wasser auf die Oberfläche. Nach der ersten Farbschicht lässt du alles trocknen.

Nach dem Trocknen sollte zwischengeschliffen werden, ein Schleifpapier mit der Körnung 240 ist eine gute Wahl. Für die zweite Farbschicht mischt man die Farbe mit weniger Wasser an, ungefähr im Verhältnis 3:1. Streichen, trocknen lassen. Schleifen, die nächste Schicht dann ohne Wasserzugabe streichen. Drei Schichten reichen normalerweise aus, aber das hängt von der Art des Stoffes ab und davon, wie dick du gestrichen hast – das kann man nur im Einzelfall beurteilen.

Ist der Stoff nach der letzten Schicht getrocknet, solltest du Kreidefarbe noch einmal fixieren. Dazu bügelt man den Stoff, stellt oder legt ihn in die Sonne oder föhnt ihn. Bei Fusion Mineral Paint braucht man diesen Schritt nicht durchzuführen. Am Ende dann noch einmal schleifen (240er), und für die Softness noch ein weiches Wachs einsetzen.

Beim Streichen von Schuhen gilt übrigens das Gleiche wie bei Polstern. Handelt es sich um Vinyl oder Leder, einfach losstreichen – wie etwa bei Gummistiefel oder Lederschuhen. Auch hier hilft eine Wachsschicht am Ende. Bitte beachte, dass das Ergebnis nicht für die Ewigkeit ist. Durch die ständige Bewegung eines Schuhs gibt es natürlich automatisch einen Abrieb. Stoffschuhe behandelst du wie oben beschrieben.

STOFF FÄRBEN

Möchte man eine Gardine oder einen Vorhang färben, mischt man je nach gewünschter Farbintensität ca. 1 Löffel Kreidefarbe mit ca. 1 l lauwarmem Wasser in einem Eimer an. Der zu färbende Stoff wird in die Flüssigkeit gelegt und sorgfältig durchgewalkt, sodass die Farbe wirklich den gesamten Stoff gleichmäßig getränkt hat. Es reicht, den Stoff wenige Minuten im Farbgemisch zu lassen. Stoff herausnehmen, direkt so trocknen lassen und anschließend zum Fixieren der Farbe noch einmal bügeln. Fertig! Der Stoff ist dann in der Waschmaschine bei max. 30 °C Schongang waschbar. Beim ersten Waschgang sollte man ihn vorsichtshalber einmal separat waschen.

Indoor-Projekte

Hier im Buch behandle ich das Thema „Möbelstreichen“, trotzdem möchte ich gerne einen kleinen Exkurs unternehmen und Kreidefarbe & Co. auch einmal für den Innenbereich anpreisen. Ich habe viele Projekte im Haus mit Kreidefarbe und Fusion Mineral Paint gestrichen und bin begeistert, wie einfach und zeitsparend die Anwendung ist. Anstelle mühsamer Schleifarbeiten wie noch vor Jahren bei der Verwendung von herkömmlichen Lacken, schleife ich heutzutage mit einem 150er Schleifpapier nur ganz kurz an, um die Oberfläche von beispielsweise Türen oder Rahmen anzurauen. Dann bringe ich zwei Schichten Kreidefarbe oder Fusion Mineral Paint auf, ohne Geruch, ohne mühsames Reinigen des Equipments. Bei der richtigen Wahl der Farbe verzichte ich sogar auf die Versiegelung und bin nach dem Streichvorgang fertig. Wie einfach ist das denn?

ANWENDUNGSMÖGLICHKEITEN

In unserem Zuhause habe ich die Treppe gestrichen, den Kamin, die Fenster und Türen, Wände, Heizungen, Fliesen, Vasen und Lampen, den Fußboden, Fensterbänke und sogar den Wasserkocher.

Wand und Heizung mit Kreidefarbe gestrichen.

Kreidefarbe auch für die Hängelampe

Outdoor-Projekte

Möchte man Möbel oder Deko-Objekte für den Außenbereich, den Garten oder die Terrasse streichen, bietet sich „normale“ Kreidefarbe nur bedingt an. Mit einer Schicht Lack kann dies eine Weile halten, aber für die Ewigkeit ist es nicht gemacht.

BESSER AUF OUTDOOR-PRODUKTE SETZEN

Einige Farbhersteller haben speziell Outdoor-Kreidefarben im Sortiment. Gut geeignet sind auch Holzlasuren, die extra für den Außenbereich konzipiert wurden und auch im Baumarkt erhältlich sind. Es gibt sie von verschiedenen Herstellern, dort sind sie auch in gefärbten Varianten verfügbar.

Fusion Mineral Paint ist mit der passenden Versiegelung laut Hersteller auch für Outdoor geeignet, doch auch hier ist die Haltbarkeit meiner Erfahrung nach leider begrenzt. Milk Paint ist eine sehr alte Farbe, die schon immer auch für draußen benutzt wurde. Sie hält gut auf unbehandeltem Holz, da sie tief eindringt. Wichtig ist immer, dass das zu streichende Holz trocken und nicht verwittert ist! Auf verwittertem, altem Holz wird keine Farbe auf Dauer halten.

Ein Schneeschieber wird zum Deko-Objekt.

Auch Gartenmöbel freuen sich über einen neuen Anstrich.

MANDARIN TEA
LONDON,

Pinselpflege

Je öfter man streicht, umso eher wird man sich vielleicht einen hochwertigen Pinsel anschaffen. Er verliert keine Haare, minimiert Pinselstriche, verteilt die Farbe optimal und es streicht sich einfach besser. Wichtig ist immer, jeden Pinsel nach der Arbeit richtig zu säubern, denn nur so behält er seine Qualität. Wenn man nur eine kurze Streichpause macht, kann man seinen Pinsel vorübergehend in eine Folie oder Plastiktüte wickeln und luftdicht verschließen, oder man stellt ihn mit den Borsten in ein Glas mit Wasser.

PINSELREINIGUNG

Möchte man aber eine längere Pause einlegen oder hat ein Projekt beendet, sollte man den Pinsel möglichst sofort reinigen.

Hast du mit wasserlöslicher Farbe gestrichen, kannst du den Pinsel ganz einfach mit Wasser auswaschen. Halte ihn dazu mit der Spitze nach unten unter warmes, fließendes Wasser und bewege die Borsten vorsichtig zwischen den Fingern hin und her, bis keine Farbe mehr herausläuft. Wer mag, kann ein wenig milde Seife benutzen. Ein Tropfen Weichspüler macht den Pinsel super weich!

Wenn keine Farbe mehr aus dem Pinsel austritt, sollte man ihn vorsichtig ausdrücken und kopfüber aufhängen, damit keine Feuchtigkeit in den Schaft dringt, das könnte dem Pinsel auf Dauer schaden. Ist der Pinsel im Wasser noch nicht richtig sauber geworden, ist Farbe besonders widerstandsfähig oder angetrocknet, kannst du eine kleine Pinselbürste benutzen. Ich habe so etwas nicht, behelfe mir aber in solchen Fällen mit einem alten Läusekamm der Kinder. Diese Kämme gibt es sogar aus Metall, sie eignen sich hervorragend dazu, alte Farbreste aus den Borsten heraus zu kämmen. Auch die Plastikvariante funktioniert. Arbeite vorsichtig, damit du den Pinsel nicht beschädigst.

Wer mit lösemittelhaltiger Farbe gearbeitet hat, greift am besten auf einen Pinselreiniger oder Terpentin zurück. Dazu am besten ein Glas mit dem Reiniger etwa 1 cm hoch füllen und den Pinsel vor und zurück bewegen. Dann mit einem weichen Tuch die Feuchtigkeit aufnehmen. Notfalls wiederholen, bis der Pinsel ganz sauber und wieder weich ist. Die Reste nicht im Abfluss entsorgen. Ich bewahre sie im verschlossenen Glas bis zum nächsten Gebrauch auf.

Im Handel erhältlich sind spezielle Pinselseifen.

Möbel zum Verkauf anbieten

Wenn du Möbel aufpeppst, um sie zu verkaufen, sind ein paar Dinge zu beachten. Natürlich arbeitest du dann noch sorgfältiger, als wenn du es nur für dich selbst machst. Der Kunde möchte für sein Geld ein perfektes Möbelstück, das nicht quietscht, mit leichtgängigen Schubladen und strapazierfähiger Oberfläche. All das ist selbstverständlich.

Für den Verkauf wichtig ist aber auch, dass du ein bisschen den Markt beobachtest. Welche Stücke sind besonders gefragt? Wo liegen die Trends? Welche Farben sind gerade angesagt? Oft verkaufen sich helle, neutrale Farben besser als knallige, gewagte. Aber man kann auch mit etwas Auffälligem Glück haben. Hat man genügend Platz für ein kleines Möbellager, darf man sicher auch einmal mutiger sein in der Gestaltung. Wer keinen Platz hat und die Stücke schnellstmöglich weiterverkaufen möchte, sollte lieber zu den Standards greifen.

Liebevoll gestaltetes Verkaufsfoto

VERKAUFSPLATTFORMEN

Es gibt online einige Plattformen, die für den Verkauf von Selbstgemachtem gegründet wurden. Etsy ist eine von denjenigen, die auch international anbieten. Als kleiner Hersteller ist es hier natürlich schwer, sich von der Masse abzuheben. Zudem werden Gebühren fällig bei jedem Einstellen und jedem Verkauf.

moebelmatch ist eine 2019 gegründete Plattform, ähnlich wie Etsy, aber spezialisiert auf Möbel und Wohngegenstände. Auch hier wird eine Gebühr nach Verkauf fällig. Ebay Kleinanzeigen ist mühsam, hier wird viel gehandelt und die Preise sind insgesamt geringer. Aber dafür ist der Verkauf gebührenfrei, selbst gewerbliche Verkäufer haben eine gewisse Anzahl von Geschäftsgängen frei.

Wer einen Blog betreibt oder auf Social Media aktiv ist, kann seine Angebote dort einstellen. Der Facebook Marketplace zum Beispiel ist eine Alternative! Zuletzt lohnt sich vielleicht auch der Versuch, regionale Medien auf sein Angebot aufmerksam zu machen. Vielleicht ist ja der örtliche Anzeiger daran interessiert, einen kleinen Artikel über die spannende Handwerkskunst der Möbelaufarbeitung zu veröffentlichen? Und sonst gilt: Aushänge, Mundpropaganda und reden, reden, reden.

Dekoration ist das A und O beim Staging deines Möbelstückes.

FOTOGRAFIE UND STAGING

Um Interessenten anzusprechen, ist die Präsentation deines Möbelstücks entscheidend. Der potenzielle Käufer soll sich sofort vorstellen können, wie das Objekt in seinen eigenen Wänden aussehen könnte. Er muss sich direkt verlieben und das Möbelstück unbedingt besitzen wollen. Das Verkaufsfoto sollte also möglichst perfekt sein.

Fotografiere dein Möbelstück nicht irgendwo. Wer kauft eine Kommode, die in einer dunklen Werkstatt fotografiert wurde? Oder vor einem unruhigen, bunten Bücherregal? Platziere dein Objekt vor einem neutralen, hellen Hintergrund und räume alles Unnötige beiseite. Sorge für eine perfekte Ausleuchtung. Besorge dir notfalls für kleines Geld eine zusammenfaltbare Studioleuchte.

Wichtig ist das Staging, also die Präsentation und Dekoration deines Unikats. Um eine Idee davon zu vermitteln, wie das Stück in einer natürliche Wohnumgebung aussehen wird, verlangt es die entsprechende authentische Dekoration. Erst dann erkennt der Käufer, wie schön das Möbel sich später einfügen wird. Meine Fotos stage ich immer im ähnlichen Stil. Ich liebe Vintage und antike Objekte, mit denen ich meine Möbelstücke ausstaffiere. Die Dekoration sollte das

Möbelstück jedoch nur begleiten, sie darf es optisch nicht erschlagen! Denk bei den Deko-Objekten an folgende Faustregel: Eine ungerade Anzahl an Stücken sieht harmonischer aus als eine gerade. Besser drei Vasen als zwei!

Wichtig ist, dass die Farben zueinander passen und ein rundes, ansprechendes Bild ergeben. Muster dürfen sich nicht beißen, Farben sollten miteinander harmonieren.

Du hast die perfekte Beleuchtung, dein Möbelstück ist platziert und dekoriert. Das entscheidende Bild muss dein Möbelstück im Ganzen zeigen. Der Fotograf sollte sich dabei auf die Höhe des Möbelstücks begeben. Rechts und links bleibt Platz für Dekoration.

Erst dann werden verschiedene Perspektiven und Formate aufgenommen. Ein leichter Winkel von oben, einer von jeder Seite und Bilder, die das Möbelstück nur in einem Ausschnitt zeigen.

Vergiss nicht die Detailfotos. Öffne das Möbelstück für den Blick ins Innere. Gibt es Besonderheiten wie eine Schablone, ein Transfer? Hübsche Griffe oder eine schön aufgearbeitete Deckplatte? Präsentiere deine Arbeit und die liebevollen Details.

Wenn du auch über deine Social-Media-Plattformen verkaufen möchtest, denk daran, verschiedene Formate für dein Foto zu wählen. Instagram arbeitet am besten mit quadratischen Fotos, Facebook mit Querformat und für Pinterest benötigst du ein Hochformat. All das lässt sich im Nachhinein sicher bearbeiten, aber manchmal schneidet man dabei einen Teil des Bildes ab. Ich habe mir angewöhnt, wenigstens im Quadratformat gleich mitzufotografieren. Und last but not least wirst du im letzten Schritt das Foto noch bearbeiten müssen. Ich nutze dazu Lightroom oder Photoshop. Wenn es schneller gehen soll und du immer die gleiche Bildsprache sprichst, dann lege dir deinen persönlichen Filter an. Tolle, vorgefertigte Filter kann man auch kaufen.

PREISGESTALTUNG

Ein Möbelstück von der Stange kann man in jedem Laden kaufen. Ein gebrauchtes, vielleicht sogar antikes Stück, das mit viel Zeit, Liebe und Erfahrung aufgearbeitet wurde, muss logischerweise einen anderen Preis haben. Es ist ein absolutes Einzelstück. Verkaufe dich und deine Arbeit nicht unter Wert. Überlege dir, was deine Arbeitsstunde kosten muss. Notiere genau, wie lange du an deinem Möbelstück gearbeitet hast und vergiss dabei nicht die Zeit für die Recherche und Abholung des Rohlings. Zum Zeitaufwand addierst du die Materialkosten, und on Top natürlich auch noch einen Gewinn.

Auch das Herrichten des Verkaufsfotos erfordert Zeit.

Bedenke, dass nicht nur deine Arbeitszeit in das Möbelstück einfließt, sondern auch deine Erfahrung und alles, was du gelernt und dir erarbeitet hast. Und nicht zuletzt hast du auch viel Geld in deine Werkstattausrüstung gesteckt. Behalte das bei der Berechnung deines Stundenlohns im Kopf.

Wer dein Möbelstück besitzen möchte, der weiß deine Arbeit zu schätzen. Und wer sie nicht schätzen kann, der wird ganz sicher ein anderes Möbelstück finden.

Die Projekte

BITES of
BOWIE
En musikfortelling
Billard-Pool
Arne B
Pub-Live musik
Fredag d. 18.juni kl.20
Entré: 110kr MobPay:40460166(OLE)
A BARGAIN COLLECTION OF
Three FAVORITE and Most POPULAR
VOL. I.
OF THE THIRD SERIES;
Vol. LXXI. of the whole
FOR ONLY 6 CENTS in stamps and the adddress of two friends who grow Flowers, we will send one full-size packet of each variety, postpaid, to any address, including free copy of the handsomest up-to-date catalogue published, devoted exclusively to Flower Seeds.

Antiker Aufsatz

Mit Blending-Technik und Transfer

ZUSTAND

Vermutlich ist dieses antike Stück ein ehemaliger Aufsatz eines Schranks. Ich funktioniere es um zu einer Sitzbank. Das Möbelstück weist Schadstellen im Furnier der Deckplatte auf, riecht etwas muffig und einige Stellen an den Rundungen der Säulen sind angeschlagen. Auch der Holzwurm war hier aktiv.

VERWENDETE PRODUKTE

- Holzwurm-Ex von Swingcolor
- Grundierung Dixie Belle Paint BOSS
- Dixie Belle Chalk Mineral Paint in Barn Red, Collard Greens, Coffee Bean und Peacock
- Transfer Flower Collector von redesign
- Posh Chalk Metallic Paste in Gold
- Dixie Belle Paint Clear Wax

Vorher

SO GEHT'S

1 Den Holzwurm mit einem chemischen Mittel behandeln. Die Flüssigkeit nach Anleitung in zwei Durchgängen auftragen und gut trocknen lassen. Anschließend die Wurmlöcher mit Spachtelmasse verschließen.

2 Bank säubern und mit 150er Papier grob anschleifen. Reparaturen durchführen. Ich klebe eine lose Zierleiste fest und verleime das Furnier auf der Deckplatte an zwei Stellen (s. Seite 45). Dazu ein feuchtes Baumwolltuch auflegen und mit dem warmen Bügeleisen den Kleber unter dem Furnier anlösen. Furnier vorsichtig wieder festdrücken. An einer der Säulen fehlt ein Stück Holz. Mit einer selbst gefertigten Form aus Kleber und einer Spachtelmasse bilde ich das Stück nach (s. Seite 77), klebe es fest und schleife es in Form.

3 Grundierung mit Sperrwirkung (hilft auch gegen muffigen Geruch) auftragen und trocknen lassen.

4 Möbelstück streichen mit der Blending-Technik (s. Seite 61). Dabei zwei gleiche Streichdurchgänge durchführen. Nach dem Trocknen mit der Dry-Brush-Technik (s. Seite 60) in einer kontrastierenden Farbe leichte Akzente setzen.

5 Ein Transfer auf der Deckplatte und auf der Innenseite aufbringen (s. Seite 80).

6 Mit goldenem Wachs Ecken und Kanten der Bank betonen.

7 Mit farblosem Wachs das gesamte Möbelstück versiegeln. **Achtung:** Ein Transfer sollte nicht mit Öl versiegelt werden.

1

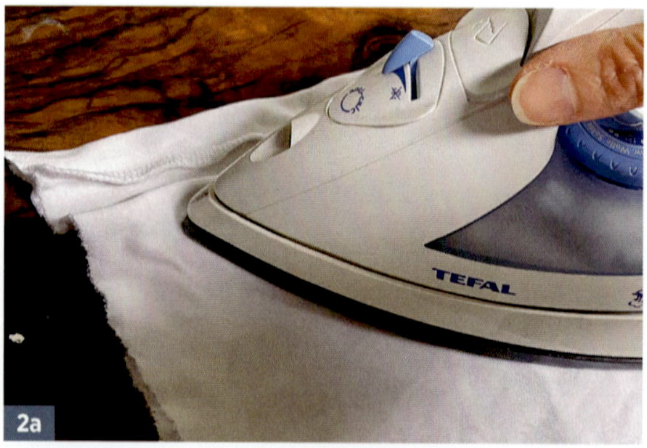

2a

2b

4a

4b

4c

5

6

Nachher

Abgebeizte Kommode

Im Boho Stil

ZUSTAND

Diese hübsche alte Kommode war in einem guten Zustand. Doch sie soll ein kleines bisschen mehr „Boho“ gestaltet werden und die lackierte Oberfläche soll matter werden.

VERWENDETE PRODUKTE

- Remover von Painting The Past
- Grundierung Dixie Belle Slick Stick
- Fusion Mineral Paint in Goddess Ashwaghanda
- Dixie Belle Best Dang Wax in Clear und White
- Dixie Belle Schablone Lotus Bloom
- Tapete wall-art.de
- Dixie Belle Big Mamas Butta

Vorher

SO GEHT'S

1 Die Griffe und den kleinen Aufsatz abnehmen und das Möbelstück reinigen. Die Schubladen sollen in Holzoptik belassen werden, allerdings soll die Lackschicht entfernt und das Holz aufgehellt werden. Ich nutze dazu einmal einen biologischen Abbeizer. (Alternativ kann man die Schubladen natürlich auch abschleifen.) Den Remover mit einem Pinsel dick auftragen. Nach einer Weile wirft der Lack Blasen. Nach 2 bis 3 Stunden wird die Lackschicht mit einem Spachtel in Holzmaserungsrichtung vorsichtig abgenommen.

2 Schubladen nach dem Abbeizen mit Wasser reinigen und trocknen lassen. Auf der obersten Schublade mit Farbe und einer Rolle eine Schablone aufbringen. Dabei mittig beginnen und zu den Rändern hin weiterarbeiten.

3 Den Rest der Kommode grob mit 150er Körnung anschleifen und mit einer Grundierung mit Sperrwirkung streichen. Nach dem Trocknen zwei Schichten Farbe in hellem Beige auftragen.

4 Schubladen mit farblosem Wachs wachsen. Anschließend mit weißem Wachs die Ritzen und Rillen betonen. Sie bekommen so eine Art Treibholz-Look.

5 Schubladen-Außenseiten schablonieren. Das alte Papier aus den Schubladen entfernen und die Seitenwände mit Holz-Conditioner auffrischen. Schubladen neu mit Tapete auslegen. Griffe wieder anbringen.

1a

1b

1c

2a

2b

3a

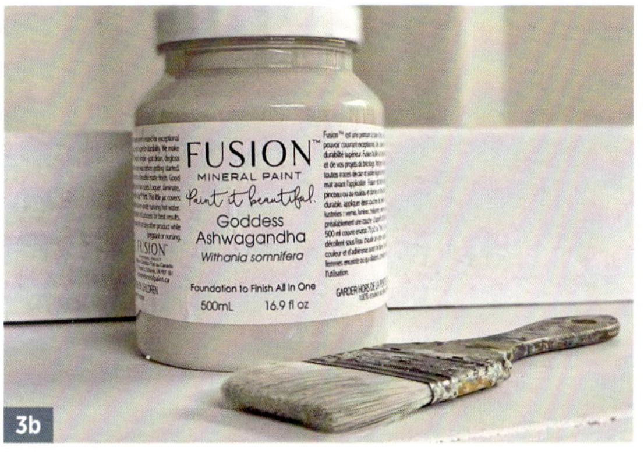

3b

4

5a

5b

5c

Nachher

Kommode

Mit White Wash

ZUSTAND

Diese hübsche, alte Kommode war dunkel gebeizt und lackiert. Für das Covershooting für dieses Buch hatte ich eine Seite davon mit Kreidefarbe übergossen. Einige Laufleisten sind locker, die Schubladen schließen schwergängig.

VERWENDETE PRODUKTE

- Sperrgrund in Grau von Anna von Mangoldt
- Fusion Mineral Paint Hazelwood
- Fusion Mineral Paint Tough Coat
- Kreidefarbe von Rustoleum in Kalkweiss
- Kreidefarbe von Lignocolor in Schwarz
- Schablone Turkish Delight von Posh Chalk
- Schablone Grain Sack Stripes von Jami Ray Vintage
- Dixie Belle Big Mama's Butta
- Alle Griffe sind online zu finden

Vorher

SO GEHT'S

1 Die Kommode gründlich reinigen. Griffe entfernen. Reparaturen durchführen: Die Laufleisten der Schubladen fest leimen. Die Schubladen schließen nur schwergängig, daher Außenseiten, obere und untere Kanten per Hand mit 180er Papier etwas herunterschleifen. Anschließend wachsen.

1

2 Die ausgekippte Farbe (s. Cover dieses Buches) am Möbelstück gründlich wieder abschleifen. Dann die Deckplatte und die unteren drei Schubladen mit dem Exzenterschleifer sehr gut abschleifen, denn sie sollen in Holzoptik verbleiben. Dabei Schleifpapier 180 und anschließend 240 benutzen. Die Kanten per Hand schleifen. Den restlichen Korpus nur grob mit 150 anschleifen.

2

3 Eine Grundierung mit Sperrwirkung auf den Korpus der Kommode auftragen. Trocknen lassen.

4 Korpus mit zwei Schichten Farbe in warmem Braun mit Trocknungszeit streichen.

3

5 Ein White Wash herstellen. Dazu weiße Kreidefarbe mit Wasser im Verhältnis 3:2 mischen. Mit einem Schwamm oder Lappen auf die Deckplatte und die Schubladen auftragen, in das Holz einreiben, mit trockenem Lappen gleichmäßig verreiben und eine dünne Schicht Farbe stehen lassen. Vorgang bis zur gewünschten Färbung wiederholen (s. Seite 13).

6 Auf die Außenseiten der Schubladen mit schwarzer Kreidefarbe und Schablone ein Muster aufbringen.

7 Auf die drei Schubladenfronten mittig schmale Streifen schablonieren.

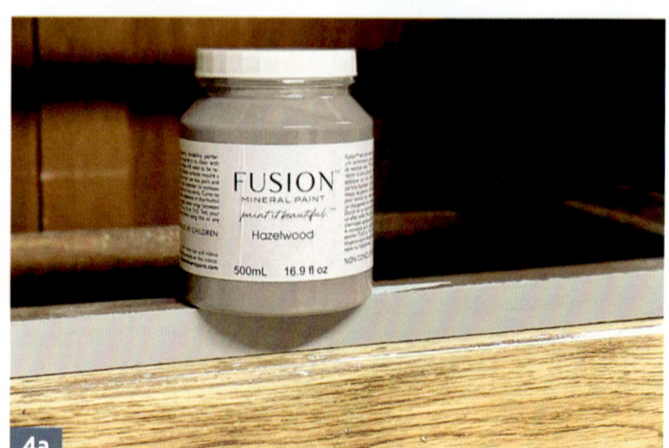

4a

8 Die Deckplatte (und die Schubladen, wenn gewünscht) zum Schutz mit zwei Schichten Tough Coat versiegeln.

4b

6

5a

8

5b

5c

9 Die Schubladen innen mit Holz-Conditioner auffrischen. Muschelgriffe mit schwarzer Kreidefarbe altern lassen, anbringen und einen Etikettengriff zusätzlich mittig aufschrauben. Kleine Papieretiketten ausdrucken, mit schwarzem Tee einfärben und einlegen.

F P
T O Z 2
P E D 3
E C F D 4
D F C Z P 5
F E L O P Z D 6
D E F P O T E C 7
E H D F P E C S T F D F O Z 8
H. Snellen, Probebuchstaben zur Bestimmung der Sehschärfe
Utrecht 1862

Schränkchen

Mit WoodUbend und Transfer

ZUSTAND

Das kleine Schränkchen hat eine sehr hübsche Form. Aber es hat Risse und die dünne Lackschicht platzt überall ab. Die Schubladen sind aus dünnem Sperrholz einfach verarbeitet, die Griffe lassen sich daher auch nicht abnehmen, ohne das Möbelstück zu beschädigen. Und trotzdem kann man etwas daraus machen!

VERWENDETE PRODUKTE

- Dixie Belle Slick Stick
- WoodUbend Decorative Drop WUB 1582
- Annie Sloan Kreidefarbe in Svenska Blue und Honfleur
- Dixie Belle Paint in Sea Glass
- Kreidefarbe von Anna von Mangoldt in Taj Mahal für die Schubladen und das Dry Brush
- Annie Sloan Wachs in farblos und braun
- Dixie Belle Clear Coat für die Schubladen
- Transfer Avian Sanctuary von redesign
- Tapete eigener Bestand

Vorher

SO GEHT'S

1 Möbelstück gründlich reinigen. Einige tiefe Risse und abgeplatzte Stellen mit Holzspachtel auffüllen.

2 Zwei Schichten Haftgrund mit Trocknungszeit auftragen. Der Lack ist sehr glatt und der Haftgrund hilft, dass die Farbe hält. Dabei auch die Griffe grundieren, denn sie sollen einfach mitgestrichen werden.

3 Zwei Ornamente von WoodUbend aufkleben. Da sie an die Rundungen der Vorderseite geklebt werden sollen, müssen sie mit einer Heißluftpistole erwärmt werden, bis sie biegsam sind. Mit Holzkleber aufkleben und angepresst auf der Rundung halten, bis sie ausgekühlt sind.

4 Drei Kreidefarben auswählen, die farblich gut miteinander harmonieren. Das Möbelstück in kleinen Partien streichen. An einem Seitenteil beginnen und die drei Farben mit jeweils einem Pinsel zunächst so auf das Möbelstück bringen, dass sie das spätere Farbmuster ergeben. Farben mit der Sprühflasche wieder anfeuchten und mit einem dicken Rundpinsel miteinander verblenden (s. Seite 61). Mit dem zweiten Seitenteil, der Front und der Deckplatte ebenso verfahren. Trocknen lassen.

5 Beim zweiten Streichdurchgang noch einmal genau wie in Schritt 4 verfahren. Nun deckt die Farbe richtig.

6 Die Schubladen innen und außen hell streichen. Trocknen lassen.

7 Schubladen mit Tapete auslegen.

2a

2b

3

4a

4b

4c

7

4d

8 Schubladenaußenseiten mit einem Transfer bekleben. Dabei die Anschlüsse beachten, sodass das Transfer über alle drei Schubladen hinausgeht. Schubladen innen und außen mit Clear Coat versiegeln.

9 Mit wenig weißer Kreidefarbe und der Dry-Brush-Technik (s. Seite 60) die Ornamente, die Kanten und die Griffe ganz leicht betonen.

10 Möbelstück mit farblosem Wachs versiegeln, mit braunem Wachs Akzente setzen.

8

10a

9

10b

Nachher

1305-12-120-0735-AD6
PATR 9 mm x 19 DM 11
WEICHKERN
REST
GEW 35 Kg
LOS GECO-49-61

Antiker Glasschrank

Mit Schablone

ZUSTAND

Dies ist ein alter Schrank aus leichtem Holz mit Glastür. Die Deckplatte hat sich an einer Stelle gelöst, das Furnier ist beschädigt und der Einlegeboden ist von der Höhe her unpassend angebracht. Es liegt ein leichter Schimmelbefall im Inneren vor.

VERWENDETE PRODUKTE

- Dixie Belle Chalk Mineral Paint in Sand Bar und Burlap für außen
- Lignocolor Kreidefarbe in Tabernas für innen
- Lignocolor Kreidefarbe in Light Grey für die Schablone
- Schablone Agra von Nicolette Tabram Stencils
- Dixie Belle Paint Best Dang Wax
- Hartwachsöl von Lignocolor.

SO GEHT'S

1 Die Deckplatte festleimen, ebenso die lockeren Furnierteile. Das ausgebrochene Furnierstück wird mit Holzpaste aufgefüllt und nach dem Trocknen glatt geschliffen.

2 Schrank reinigen, aussaugen und den Schimmel im Innenraum mit Isopropanol behandeln (s. Seite 35). Dabei unbedingt Mundschutz und Handschuhe anlegen und auf gute Belüftung achten!

3 Den Einlegeboden glatt schleifen und mit dunkelbrauner Kreidefarbe streichen. Das Innere des Schrankes im gleichen Farbton streichen. Nach dem Trocknen eine zweite Schicht auflegen. Mit einer Schablone und weißer Kreidefarbe ein Muster auf die Rückwand aufbringen. Nach dem Trocknen Einlegeboden, Inneres und die schablonierte Rückwand mit Hartwachsöl versiegeln.

4 Den Schrank außen kurz mit 150er Papier anschleifen. Den Glaseinsatz und das Schlüsselblatt mit Klebeband abkleben. Den Schrank dann mit einer Grundierung mit Sperrwirkung streichen und trocknen lassen.

5 Mit der Blending-Technik (s. Seite 61) den Schrank mit zwei Kreidefarben so streichen, dass die Farben ineinander verblenden. Nach dem Trocknen eine zweite Schicht mit derselben Technik anfertigen.

6 Aus einer Holzleiste neue Laufleisten für die Einlegeböden sägen und im Schrank festschrauben. Der Einlegeboden sollte sich auf gleicher Höhe befinden wie die Sprosse des Fensters. Boden einlegen.

7 Klebeband entfernen. Glas putzen. Den Schrank von außen mit farblosem Wachs versiegeln. Nach dem Trocknen das Wachs aufpolieren.

1

2

3a

3b

LIGNOCOLOR®
Hartwachsöl
3c

Dixie Belle
Paint Company
Best Dang Wax
Clear
10 oz 295 mL
7

4

5

6

Nachher
WEICHKERN

Kleiner Schrank

Mit aufgesetzten Leisten im modernen Look

ZUSTAND

Dieser kleine, günstige Schrank ist zwar in gutem Zustand, aber er ist langweilig und kann ein kleines Makeover gut vertragen.

VERWENDETE PRODUKTE

- Acryl Buntlack von Swingcolor in Moosgrün
- Swingcolor Vintage Metallic Effektfarbe in Gold Metallic
- Tapete von Bauhaus
- Möbelfüße und Griffe online erhältlich

Vorher

SO GEHT'S

1 Griffe entfernen. Türen ausbauen. Möbelstück gründlich reinigen.

2 Bei dem Schrank fallen die Türen nach innen, denn es gibt keinen „Stopper“. Ich klebe einfach einen aus einem kleinen Stück Holz ein.

3 Die Türen sollen mit Holzleisten beklebt werden. Dazu vorab aus Papier lange Streifen schneiden, um einfacher ein passendes Muster überlegen zu können. Muster mit weißem Bleistift auf die Türen übertragen. Anschließend die Holzleisten entsprechend mit einer Gehrungssäge zusägen.

4 Die schmalen Kanten der Leisten sollen sich später farblich vom Rest absetzen. Daher mit Gold in mehreren Durchgängen streichen, bis die Farbe deckt. Trocknen lassen. Das Innere des Schrankes, bis auf die Türen, ebenfalls in Gold lackieren.

5 Die Tapete für die Rückwand des Innenraumes und für die Innenseite der Türen zuschneiden. Tapetenkleister anmischen und die Tapeten aufkleben. Die Tapete bei den Scharnieren vorsichtig in Kreuzform einschneiden, damit hier später das Scharnier wieder eingesetzt werden kann.

6 Außenseiten des Korpus und der Türen in Dunkelgrün lackieren. Mehrere Schichten sind auch hier nötig. Die Oberseiten der Leisten nun auch grün lackieren. Sie setzen sich später schön gegen das Gold der Kanten ab.

7 Die Leisten im gewählten Muster mit Holzleim auf die Türen aufkleben.

8 Scharniere in die Türen einsetzen, Türen anbringen. Neue Griffe anschrauben. Neue Möbelfüße in Grün lackieren und anschrauben.

2

3

4a

4b

5a

5b

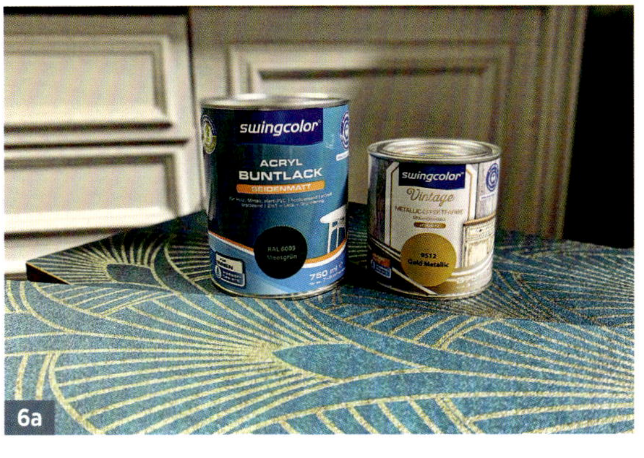

6a

6b

6c

Nachher

LACK PEPPER

Sideboard

Mit neuer Deckplatte und Transfer

ZUSTAND

Dieses Sideboard besaß eine Marmordeckplatte, die uns beim Transport zerbrochen ist. Ein Griff fehlt. Ansonsten ist der Zustand gut. Die kleine Holzleiste auf einer Tür ist gebrochen. Ein Einlegeboden hat eine kleine Stelle, an der das Furnier ausgebrochen ist.

VERWENDETE PRODUKTE

- Grundierung Fusion Ultra Grip
- Fusion Mineral Paint in Algonquin
- Fusion Tough Coat
- Transfer „Albery" von redesign
- Renuwell Möbel Regenerator
- Weichwachs von Clou
- Lasur von Landholz
- Beize von Clou in Eiche, Teak und Nussbaum
- Griffe online
- Stangenscharniere Baumarkt

Vorher

SO GEHT'S

1 Die zerbrochene Marmorplatte wird entsorgt. Dadurch wird das Möbelstück um die Hälfte leichter! Die Türen ausbauen, Griffe und Schlüsselblatt entfernen. Die alten Stangenscharniere an den Türen sind nicht mehr schön und werden daher abgeschraubt und ausgetauscht.

2 Möbelstück reinigen und mit 150er Schleifpapier grob anschleifen. Die Füße dabei am besten mit einem flexiblen Schleifvlies von Hand sorgfältig abschleifen. Sie sollen im Originalholz verbleiben.

3 Die defekte Holzleiste an der Tür mit Holzleim kleben. Das herausgebrochene Furnierteil am Einlegeboden mit Weichwachs in der passenden Farbe auffüllen. Die alten Grifflöcher mit Holzspachtelmasse verspachteln.

4 Die sehr glatten, lackierten Schubladen mit Haftgrund streichen, damit die folgende Farbe gut hält. Für den Rest des Sideboards ist dies nicht nötig. Füße abkleben. Anschließend zwei Schichten Farbe mit Trocknungszeit streichen.

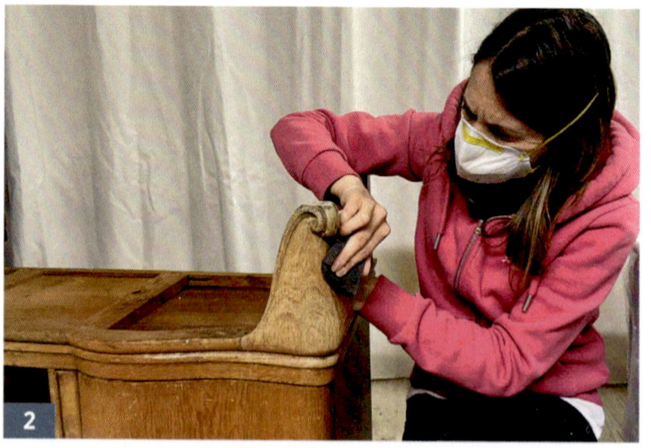
2

3a

3b

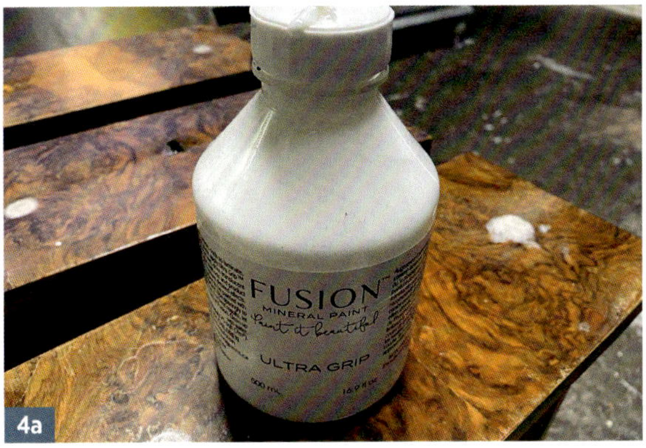
FUSION
MINERAL PAINT
paint it beautiful
ULTRA GRIP
4a

4c

FUSION™
MINERAL PAINT
paint it beautiful
Cathedral Taupe
FUSION™
MINERAL PAINT
paint it beautiful™
Algonquin
500mL 16.9 fl oz
4b

5 Ein Transfer auf die Innenseiten der Türen und auf die Außenseiten der Schubladen aufbringen (s. Seite 80) Anschließend das Möbelstück (bis auf die Füße) zum Schutz versiegeln.

6 Eine passende Holzplatte im Baumarkt besorgen und auf Größe der Deckplatte zusägen lassen. Die Kanten glattschleifen. Im Wunschfarbton beizen (s. Seite 47). Nach dem Trocknen als Versiegelung eine Lasur in zwei Schichten auftragen. Auch die Füße des Sideboards werden passend im gleichen Ton lasiert.

7 Neue Grifflöcher bohren und moderne Griffe anbringen. Die neuen Stangenscharniere auf die entsprechende Länge kürzen und an den Türen einsetzen. Türen wieder anbringen. Das Innere des Sideboards wird im Originalholz belassen und lediglich mit einer Möbelpflege aufgefrischt.

5c

6

5a

7a

5b

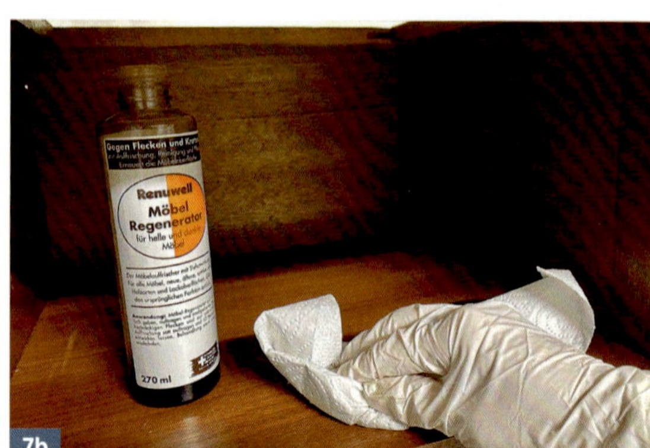

7b

Nachher

CONTINENTAL SILENTA

Alter Schreibtisch

Mit Milk Paint und Hemp Oil

ZUSTAND

Der Tisch ist alt und in einem rötlichen Ton gebeizt. Auf der Deckplatte sind Kratzer und Flecken. Die Platte soll im Original belassen werden, aber eine andere Farbe erhalten. Am Korpus und an der Schublade finden sich kleine Furnierschäden.

VERWENDETE PRODUKTE

- Milk Paint by Fusion in Little Black Dress
- Fusion Stain & Finishing Oil in Cappuccino
- Fusion Hemp Oil
- IOD Bohemia Stamp
- Papier und Griffe online
- Kreidefarbe in schwarz und gold von Lignocolor
- Wachs von Lignocolor
- Dixie Belle Sea Spray

Vorher

SO GEHT´S

1 Möbelstück säubern und den Schubladengriff entfernen. Das lose Furnier an der Schublade wieder festkleben. Dazu ein feuchtes Baumwolltuch auflegen und mit dem Bügeleisen den Leim erwärmen. Furnier fest andrücken (s. Seite 43 ff.). Ausgebrochenes Furnier am Korpus und an der Schublade mit Holzspachtel auffüllen.

2 Korpus mit 150er Schleifpapier anschleifen. Milk Paint anmischen (s. Seite 13 ff.), 10 Minuten stehen lassen, erneut verrühren. Auch während des Streichens immer wieder umrühren, da sich die Pigmente nach unten absetzen. Zwei Schichten Milk Paint mit Trocknungszeit streichen, die Deckplatte auslassen. Trocknen lassen.

3 Used-Spuren vorsichtig und vereinzelt mit Schleifpapier einarbeiten.

4 Die Deckplatte gründlich in mehreren Durchgängen abschleifen (s. Seite 41 ff.). Deckplatte mit einem Schwamm (oder metallfreiem Pinsel) beizen. Überschuss nach 10 Minuten abnehmen. Nach Trockenzeit ein zweites Mal beizen.

1a

1b

1c

1d

2a

2b

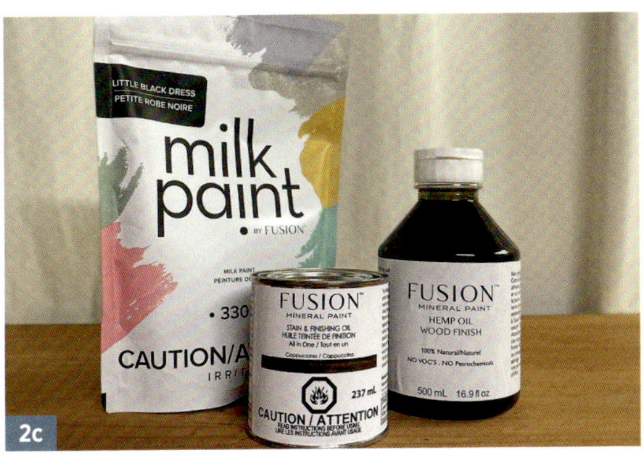

2c

2d

3a

3b

4

5 Korpus mit fusselfreiem Tuch ölen. Die Farbe beginnt zu leuchten!

6 Neuen Muschelgriff grundieren und mit Kreidefarbe, Strukturpulver und Wachs altern lassen (s. Seite 64). Griff wieder anbringen.

7 Seiten der Schubladen mit einem Stempel und Kreidefarbe bestempeln und ebenfalls ölen. Im Inneren der Schubladen ein hübsches Papier einkleben.

5c

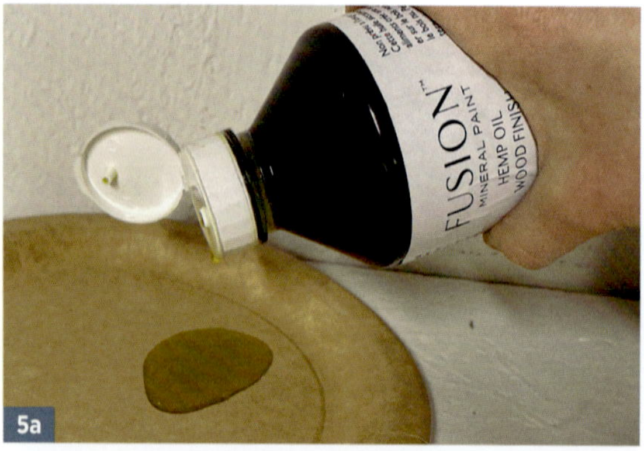

5a

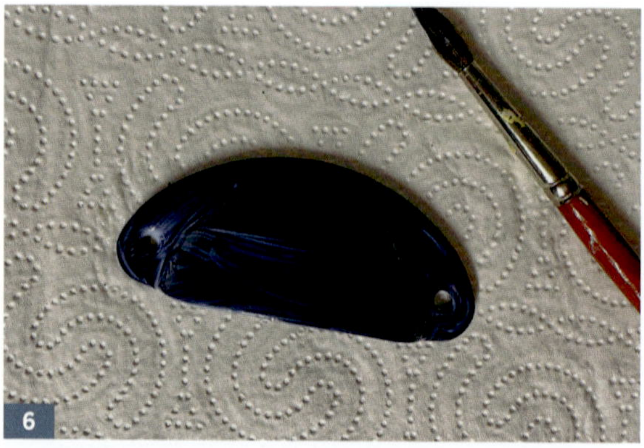

6

5b

7a

7b

Nachher

Antiker Nähschrank

Mit Schablone

ZUSTAND

Der Schellack dieses alten Nähschranks ist sehr ausgeblichen, die Deckplatte weist einen Furnierschaden auf und das Stück hat eine Menge Wurmlöcher.

VERWENDETE PRODUKTE

- Holzwurm-Ex von Swingcolor
- Annie Sloan Kreidefarbe in Tilton und Old White
- Annie Sloan clear und dark wax
- Schablone Morocco von Dixie Belle Paint
- Dixie Belle Big Mamas Butta

SO GEHT'S

1 Möbelstück reinigen. Mit einem chemischen Wurmmittel laut Anleitung behandeln und trocknen lassen. Den Furnierschaden auf der Deckplatte mit Holzpaste auffüllen, trocknen lassen und glatt schleifen. Deckplatte abschrauben, Schlüsselrosetten entfernen. Überall dort abkleben, wo nicht gestrichen werden soll. Möbelstück grob anschleifen mit 150er Schleifpapier, an den Spindeln mit flexiblem Schleifvlies arbeiten.

2 Mehrere Schichten Kreidefarbe streichen, bis die Farbe komplett deckt. Dazu das Möbelstück umdrehen und zunächst von unten streichen. Mit einem kleinen Möbelroller kann man das Stück schnell drehen, wodurch das Streichen an den Spindeln erleichtert wird.

3 Deckplatte, Seitenwände und Schubladen mit einer Schablone verzieren. Dabei wenig Farbe benutzen und nicht ganz regelmäßig arbeiten, um einen alten gebrauchten Look zu erhalten.

4 Nach dem Trocknen mit Schleifpapier einmal über die schablonierten Flächen gehen, um die weiße Kreidefarbe etwas abzuschwächen. Shabby-Spuren an den Kanten und den Spindeln einschleifen – dezent und nur an den Stellen, wo die Farbe im Laufe der Jahre abplatzen würde.

5 Möbelstück mit farblosem Wachs versiegeln. Anschließend mit dunklem Wachs vereinzelte Stellen mit einem kleinen Pinsel betonen, um eine alte, gebrauchte Optik zu erhalten.

6 Das Innere des Nähkästchens und die kleinen Deckelchen mit Holz-Conditioner auffrischen. Schlüsselrosetten wieder anbringen, Deckplatte aufschrauben.

1a

1b

2a

2b

2c

3a

3b

5a

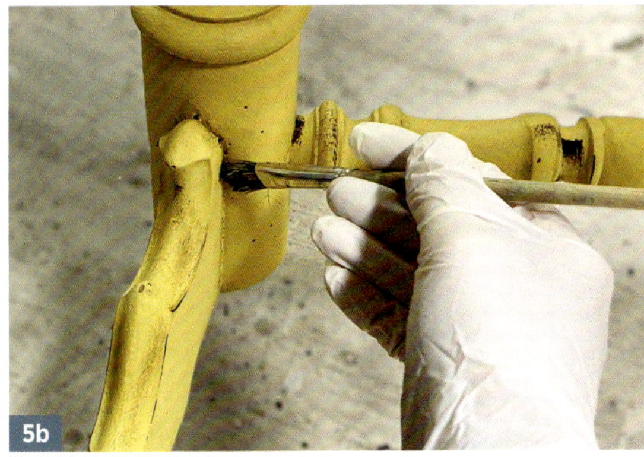
5b

6

Nachher

W.A.MOZART
TRIOS
TRIO

Antiker Notenschrank

Mit Stoff

ZUSTAND

Dieser antike Notenschrank ist sehr gut erhalten. Lediglich der Stoff, mit dem die inneren Fächer ausgelegt sind, ist alt und fleckig. Bei diesem Makeover soll der Schrank mit Farbe etwas moderner gestaltet werden.

VERWENDETE PRODUKTE

- Dixie Belle BOSS
- Dixie Belle Chalk Mineral Paint in Mason Dixon Grey und Fluff
- Dixie Belle Clear Coat
- Holzlasur in Eiche von Landholz
- Stoff von stoffe.de

SO GEHT'S

1 Möbelstück reinigen, den alten Stoff in den Fächern entfernen. Glastür und Notenfach ausbauen, Griffe entfernen.

2 Den Glaseinsatz mit Klebeband abkleben. Das Notenfach soll innen nicht gestrichen werden, daher auch hier die Ränder abkleben. Restliches Möbelstück mit 150er Schleifpapier leicht anschleifen.

3 Möbelstück mit Sperrgrund in zwei Durchgängen streichen. Damit wird ein mögliches Ausbluten der Farbe verhindert.

4 Zwei Schichten Kreidefarbe in einem Lavendelgrau mit Trocknungszeit streichen. Der Innenraum wird mit einem hellen Farbton abgesetzt und ebenfalls 2–3 mal gestrichen.

5 Das Notenfach mit einer Lasur auffrischen. Stoff für die Fächer zuschneiden und mit Stoffkleber aufkleben. Die Ränder werden umgeschlagen, um ein Ausfransen zu vermeiden.

6 Möbelstück mit zwei Schichten (mit Trocknungszeit) innen und außen versiegeln. Griffe wieder anbringen, Tür und Notenfach wieder befestigen.

1a

1b

1c

2

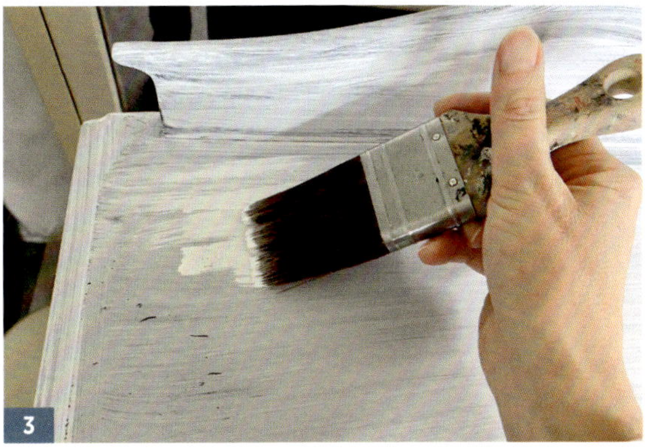

3

4

5a

5b

6

Nachher

Alte Kommode

Mit Schwammtechnik

ZUSTAND

Diese alte Kommode ist in gutem Zustand, sie soll nur etwas moderner gestaltet werden.

VERWENDETE PRODUKTE

- Painting The Past Kreidefarbe matt in Dutch Grey und Historical White
- Painting The Past Clear Wax
- Antikwachs von Miss Mustard Seeds Milk Paint
- Posh Chalk Schablone Turkish Delight
- Posh Chalk Gilding Wax in silber
- Acrylstift von boesner
- Tapete von wall-art
- Griffe online

Vorher

SO GEHT'S

1 Möbelstück reinigen. Griffe entfernen. Die Löcher verspachteln, da später andere Griffe verwendet werden. Die mittigen Schlüssellöcher sollen aus optischen Gründen ebenfalls verschlossen werden. Die Rosetten dazu entfernen. Die Löcher auffüllen mit einem DIY-Gemisch aus Sägespänen und Holzleim. Ganz am Schluss mit Holzpaste eine obere Schicht setzen, trocknen lassen und glatt schleifen.

2 Möbelstück grob mit 150er Körnung anschleifen. Kreidefarbe in hellem Grau in zwei Schichten mit Trockenzeit streichen. Die Möbelfüße dabei ungestrichen lassen und lediglich mit Antikwachs auffrischen.

3 Weiße Kreidefarbe mit Wasser mischen. Das White Wash (s. Seite 13) mit einem geknüllten Lederlappen über die gesamte Kommode aufstupfen. Bei Bedarf wiederholen, bis die gewünschte Optik erreicht ist.

4 Mit der Dry-Brush-Methode (s. Seite 60) vereinzelt Akzente setzen.

5 Rundung am unteren Rand mit weißem Acrylstift betonen. Schubladen-Außenseiten mit grauer Kreidefarbe schablonieren.

1a

1b

1c

2a

4

2b

5

3

6 Tapete zuschneiden, Schubladen auslegen. Kommode mit farblosem Wachs versiegeln. Neue Grifflöcher bohren und neue Griffe anbringen.

7 Akzente setzen mit dunklem Wachs. Die Kante der Deckplatte und die Zierleisten mit silbernem Gilding Wax betonen.

7a

6a

7b

6b

Nachher

KRUSBÄR

Antiker runder Tisch

Mit Schablone

ZUSTAND

Dieser antike, kleine Tisch ist sehr gut erhalten. Ich möchte ihn nur ein wenig frischer gestalten.

VERWENDETE PRODUKTE

- Sperrgrund von Anna von Mangoldt
- Kreidefarbe von Anna von Mangoldt in Elegance
- Anna von Mangoldt Wachs
- Kreidefarbe in gold von Lignocolor
- Posh Chalk Metallic Paste in Gold
- Schablone Neemrana von Nicolette Tabram
- Dixie Belle Big Mamas Butta

Vorher

SO GEHT´S

1 An diesem Möbelstück sind keine Reparaturen notwendig. Rollen und Griffe entfernen. Möbelstück vorsichtig und leicht anschleifen, Ledereinsatz aussparen. Grundierung mit Sperrwirkung auftragen. Ich klebe den runden Ledereinsatz auf der Deckplatte nicht ab und arbeite mit ruhiger Hand darum herum. Grundierung trocknen lassen.

2 In der Zwischenzeit die Griffe und die Rollen säubern und mit Metallic Paste in Gold dezent betonen.

3 Mit Kreidefarbe zwei Schichten mit Zwischenschliff streichen. Am Ledereinsatz wieder vorsichtig und notfalls mit feinem Pinsel arbeiten.

4 Die beiden Schubladen mit Schablone und goldener Kreidefarbe verzieren. Das Möbelstück mit Wachs versiegeln. Griffe und Füße wieder anbringen. Den Ledereinsatz mit Conditioner auffrischen.

1

2

3a

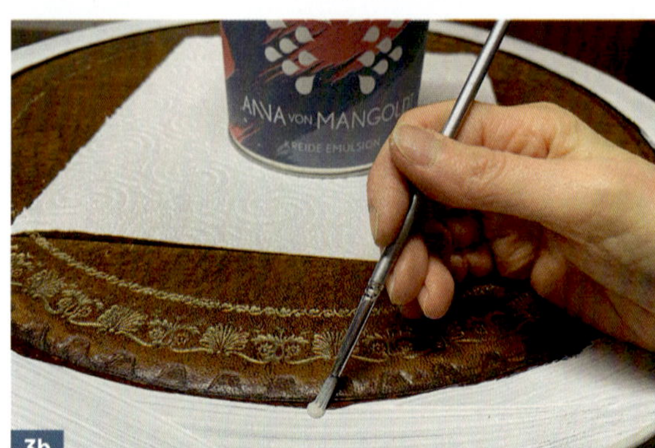
3b

4a

4b

Nachher

Swensk
Samling
1852.

Alter Sekretär

Mit Blending und Transfer

ZUSTAND

Dieser alte Sekretär ist schmutzig und instabil. Die Rückwand ist defekt, diverse Beizfarbnasen und Klebereste verunstalten die Seiten. Die Schubladen schließen schwergängig. Die Schreibunterlage im Inneren ist unansehnlich.

VERWENDETE PRODUKTE

- Dixie Belle Chalk Mineral Paint in Midnight Sky, Stormy Seas, Dusty Blue und Peacock
- Fusion Stain and Finishing Oil in Cappuccino
- Belles & Whistles Transfer Magnolia Garden
- Dixie Belle Clear Coat
- Schablone Agra von Nicolette Tabram
- Dixie Belle Best Dang Wax in brown
- Hartwachsöl von Lignocolor
- Dixie Belle Paint Gilding Wax in bronze
- Dixie Belle Big Mamas Butta

Vorher

SO GEHT'S

1 Griffe entfernen. Defekte Rückwand entsorgen und im Baumarkt eine entsprechende Größe neu zusägen lassen. Möbelstück reinigen. Die Querverbindung der Füße vorne entferne ich aus optischen Gründen. Sägestellen verspachteln. Instabile Beine, Schubladen, Korpus neu verleimen.

2 Möbelstück mit 150er Körnung grob anschleifen. Dabei die Beizfarbnasen und Klebereste entfernen. Die hölzerne Schreibunterlage im Inneren in mehreren Durchgängen mit 180 und 240 schleifen. Sie soll im Original belassen werden. Da ich mit dunklen Farben arbeite, trage ich bei diesem Möbelstück ausnahmsweise keinen Sperrgrund auf.

3 Das Innere des Sekretärs mit Kreidefarbe in leuchtendem Blau dreimal mit Trocknungszeit streichen.

4 Die Schreibunterlage frisch beizen.

5 Das Äußere mit der Blending-Technik (s. Seite 61) von unten beginnend in zwei Schichten mit gleicher Vorgehensweise und Trocknungszeit streichen. Dabei für jede Farbe einen eigenen Pinsel benutzen.

6 Wenn die Farbe gut durchgetrocknet ist, ein Transfer aufbringen. Dabei vorab überlegen, wo die einzelnen Teile sitzen sollen, damit das Ganze später miteinander harmoniert. Wo das Transfer über die Schublade hinweggeht, mit dem Cutter vorsichtig durchschneiden. Auch die Schubladenseiten mit Transfer versehen.

1a

1b

2

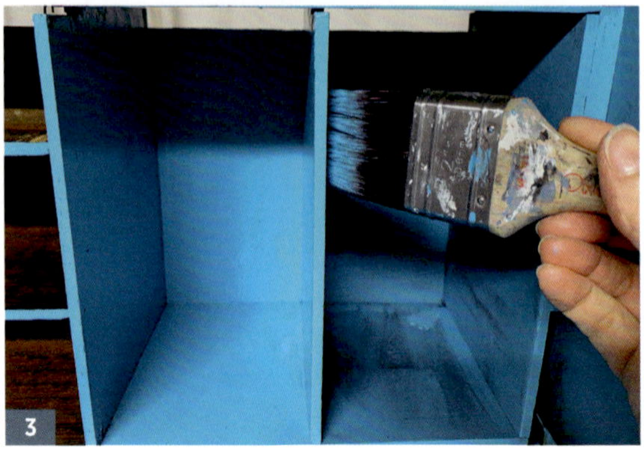
3

4

5a

5b

6a

6b

6c

7 Die Griffe säubern (s. Seite 91), grundieren, mit dunkelblauer Kreidefarbe neu streichen (s. Seite 91) und mit bronzenem Gilding Wax betonen. Die neue Rückwand anbringen.

8 Mit dunklem Wachs auf dem Äußeren des Sekretärs Akzente setzen. Einen Tag trocknen lassen. Möbelstück innen und außen (bis auf die Schreibunterlage) in zwei Schichten versiegeln.

9 Die Schubladen von innen mit einer Schablone verzieren. Nach dem Trocknen mit Hartwachsöl versiegeln.

10 Griffe wieder anbringen. Schubladenlaufleisten mit Holz-Conditioner behandeln, damit sie leichter öffnen.

7a

7b

8

9

Nachher

Kleiner Sekretär

Im rostigen Used-Look

ZUSTAND

Dieser kleine Sekretär im antiken Stil ist in sehr gutem Zustand, soll aber einen interessanteren Look erhalten.

VERWENDETE PRODUKTE

- Dixie Belle Slick Stick
- Dixie Belle Chalk Mineral Paint in Coffee Bean
- Chocolate und Evergreen
- Anna von Mangoldt Kreidefarbe in Sanssouci
- Kreidefarbe in Gold von Lignocolor
- Strukturpulver von Dixie Belle Paint Sea Spray
- Schablone Evergreen von Posh Chalk
- Dixie Belle Paint Best Dang Wax in Clear und Brown
- Dixie Belle Paint Clear Coat

Vorher

SO GEHT'S

1 Möbelstück reinigen. Griffe entfernen, Klappe ausbauen. Möbelstück anschleifen und grundieren.

2 Nach der Trockenzeit eine Schicht dunkelbraune Kreidefarbe auf das gesamte Möbelstück auftragen.

3 Im nächsten Schritt eine Schicht Kreidefarbe in Grün streichen. Solange die Farbe noch nicht ganz getrocknet ist, stellenweise mit einem Küchentuch oder Lappen so tupfen, dass die untere Farbschicht hervorkommt. Mit der Wet-Distress-Technik (s. Seite 59) das Grün an Ecken und Kanten des Sekretärs entfernen. Nach der Trockenzeit diesen Vorgang noch einmal wiederholen.

4 Grüne Kreidefarbe mit Strukturpulver nach Anleitung mischen. Das Gemisch auf einzelne Stellen des Sekretärs aufstupfen, um Struktur zu schaffen und so einen gealterten Look zu erhalten. Das Gleiche wiederholen mit brauner Kreidefarbe. Dort auftragen, wo später Roststellen imitiert werden sollen.

5 Mit gelber Kreidefarbe den Innenraum des Sekretärs streichen. Das Gelb zusätzlich nutzen, um auf dem restlichen Möbelstück Akzente zu setzen.

1

2

3

4a

5b

4b

5a

6 Wasser und grüne Kreidefarbe zu einem Wash (s. Seite 61) mischen. Auf das Möbelstück streichen und mit einem Tuch stellenweise sofort wieder abnehmen. So entsteht ein schöner Effekt. Mit wenig brauner Kreidefarbe und Stupfpinsel oder kleinem Spachtel die Roststellen vorsichtig noch einmal betonen.

7 Mit einer Schablone und Kreidefarbe in Gold ein Muster auf die Klappe und die Deckplatte aufbringen. Dabei sehr wenig Farbe benutzen und nicht deckend arbeiten, damit der Used-Look erreicht wird. Schubladenseiten ebenfalls mit einer Schablone verzieren.

8 Den Innenraum des Sekretärs für den besonderen Schutz mit Lack versiegeln. Restliches Möbelstück für den Vintagelook mit farblosem Wachs versiegeln. Akzente setzen mit braunem Wachs. Griffe anbringen, Klappe einsetzen.

6

7b

7a

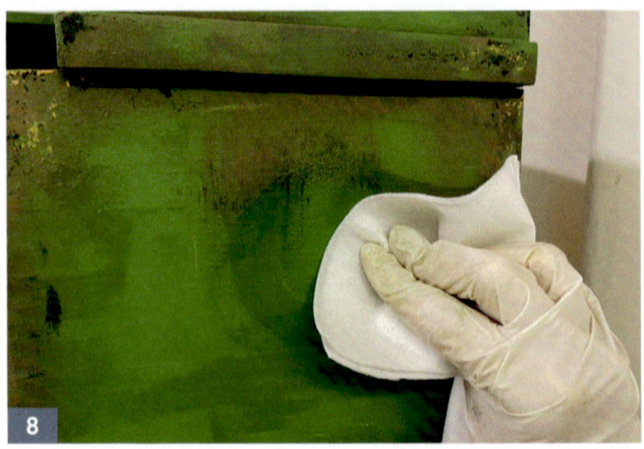
8

Nachher

XVIe. Passy • Paris
ANTÉPHÉLIQUE

Nachtschrank-Zwillinge

Mit Raised Stencil und Blending

ZUSTAND

Diese alten Nachtschränke waren in schlechtem Zustand. Sie benötigten eine Menge Reparaturen, waren wackelig und zerkratzt, die Schubladen hingen. Aber die Form ist schön!

VERWENDETE PRODUKTE

- Lignocolor Sperrgrund
- Lignocolor Kreidefarbe in Pearl und Storm
- Dixie Mud, Schablone Belles & Whistles Cozy Sweater für die Schubladenfronten
- Schablone Neemrana Border Stencil von Nicolette Tabram für die Schubladenseiten
- farbloses Wachs von Lignocolor
- Ledergriffe von etsy
- Tapete von wall-art.de

Vorher

SO GEHT'S

1 Nachtschränke gründlich reinigen. Nötige Reparaturen durchführen. Ich musste die Laufleisten der Einschübe neu verschrauben, das Möbelstück wieder fest verleimen und diverse Kratzer und Löcher mit Holzpaste auffüllen. Griffe entfernen und Löcher verspachteln. Möbelstück mit 150er Papier anschleifen.

2 Schränke mit einer Grundierung mit Sperrwirkung behandeln, denn Kiefer blutet aus. Nach dem Trocknen auf die Schubladen eine Schablone mit einer Paste (Dixie Mud) aufbringen. Die Masse mit einem Silikonspachtel vorsichtig und gleichmäßig auf die Schablone streichen. Kurz antrocknen lassen, Schablone nach oben hin abnehmen. Trocknen lassen. Anschließend vorsichtig und leicht glatt schleifen.

3 Die Schubladen innen und außen mit hellgrauer Kreidefarbe streichen und mit einer Tapete auslegen. Die Seiten der Schubladen schablonieren.

1c

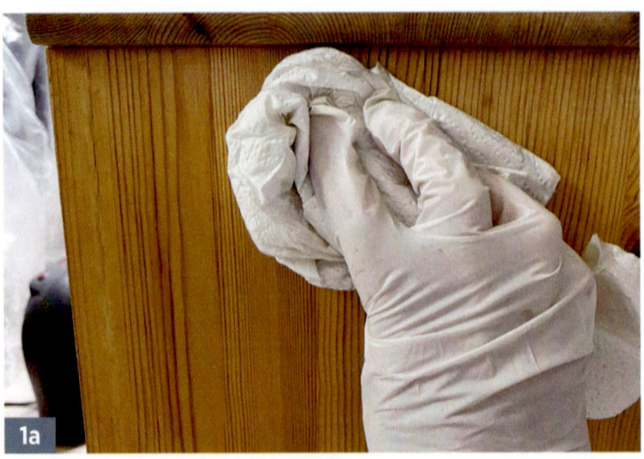
1a

1d

1b

2a

2b

3a

2c

3b

2d

4 Schubladen einsetzen. Möbelstück mit der Blending-Technik (s. Seite 61) in hellgrauer und blauer Kreidefarbe streichen. Trocknen lassen. Einen zweiten Streichgang mit der gleichen Technik durchführen.

5 Mit der hellgrauen Kreidefarbe und der Dry-Brush-Technik (s. Seite 60) noch einmal ganz leicht über die Schablone auf den Schubladen streichen, um einen verwitterten Look zu erhalten.

6 Schränke versiegeln mit farblosem Wachs.

7 Neue Grifflöcher bohren und passende Ledergriffe anbringen.

4a

4b

5a

5b

6

Nachher

Brillat-Savarin
Ungt.
Ichthyoli
20%
Ungt.
Acid. boric.
3%

Vitrine im Beach Style

Mit Struktur und Schablone

ZUSTAND

Dieses Ikea Möbelstück ist in gutem Zustand, lediglich ein Scharnier an der Tür ist ausgebrochen. Aber ein bisschen mehr darf es bei dieser Vitrine gerne sein!

VERWENDETE PRODUKTE

- Grundierung von Bondex
- 2-K Holzspachtel
- Kreidefarbe von Rustoleum in Eukalyptus, Jute, Lorbeer, Anthrazit, Kakao und Kalkweiß
- Wachs farblos, dunkel und weiß von Rustoleum
- Strukturpulver von Dixie Belle Sea Spray
- Schablone von Buntstück
- Tapete von Wall-Art
- Möbelfüße von IKEA

Vorher

SO GEHT´S

1 Die Griffe entfernen, Tür, Schublade und die Einlegeböden ausbauen. Das ausgebrochene Holz am Scharnier mit 2-K Holzspachtel auffüllen, trocknen lassen und glatt schleifen. Das Möbelstück reinigen und mit 150er Körnung grob anschleifen.

2 Neue Möbelfüße anbringen.

3 Die gesamte Vitrine innen und außen mit einer Grundierung mit Sperrwirkung streichen. Trocknen lassen.

4 Den Innenraum und die Einlegeböden zunächst zweimal streichen in einem hellen Farbton (Jute). Tapete zuschneiden und mit Tapetenkleister auf die innere Rückwand aufbringen. Die Schublade ebenfalls mit Tapete auslegen und seitlich mit grauer Kreidefarbe (Anthrazit) streichen. Die Tür wieder einhängen.

5 Für außen zunächst hellgraue Kreidefarbe mit Strukturpulver mischen. Das Gemisch unregelmäßig auf die grundierte Vitrine stupfen, dann trocknen lassen.

6 Grüne Kreidefarbe mit Wasser zu einem Wash vermischen (s. Seite 61). Damit die Vitrine streichen, sofort mit einem Küchenpapier stellenweise die Farbe wieder abnehmen, sodass ein interessanter Effekt entsteht. Bei Bedarf mit einer Sprühflasche die Farbe beim Auftragen noch verdünnen. Trocknen lassen.

7 Weiße Kreidefarbe mit Wasser mischen. Auch dieses Wash mit Pinsel oder Lappen auf das Möbelstück streichen. Bei Bedarf auch hier mit Küchenpapier oder Lappen nachtrocknen. Die Farbschichten betonen nun dekorativ die kleinen Erhebungen des Strukturpulvers. Trocknen lassen.

1

2

4a

4b

4c

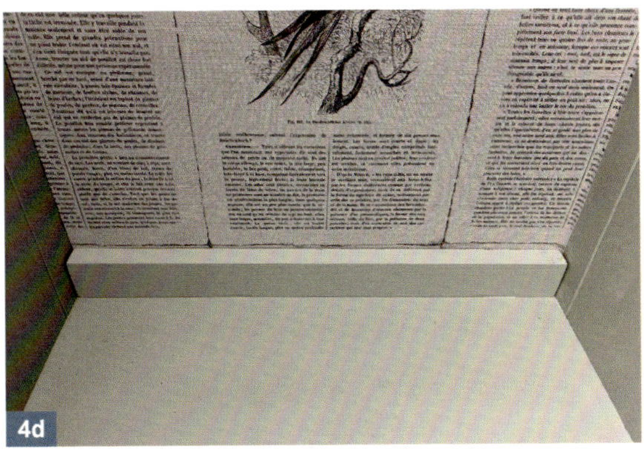
4d

5a

5b

6a

6b

7

8 Mit einer Schablone und hellbrauner Kreidefarbe ganzflächig ein Muster aufbringen. Dabei wenig Farbe benutzen und unregelmäßig arbeiten, so dass ein Used-Look entsteht.

9 Mit einem 240er Schleifpapier grobe Unebenheiten vorsichtig glattschleifen. Dann mit farblosem Wachs versiegeln. Mit dunklem Wachs in den Ecken und Kanten Tiefe schaffen, mit weißem Wachs die Flächen zusätzlich betonen. Neue Griffe anbringen. Fensterglas reinigen, eventuelle Farbreste mit einem Glasschaber entfernen.

8

9b

9a